# 龙头信仰

## 股票投资深层逻辑的破执与取舍

彭道富 著

中信出版集团 | 北京

图书在版编目（CIP）数据

龙头信仰：股票投资深层逻辑的破执与取舍/彭道富著. -- 北京：中信出版社，2019.8（2024.10重印）
ISBN 978-7-5217-0792-2

I. ① 龙… Ⅱ. ①彭… Ⅲ. ①股票投资 Ⅳ. ①F830.91

中国版本图书馆CIP数据核字（2019）第133454号

龙头信仰——股票投资深层逻辑的破执与取舍

著　　者：彭道富
出版发行：中信出版集团股份有限公司
（北京市朝阳区东三环北路27号嘉铭中心　邮编　100020）
承 印 者：北京通州皇家印刷厂

开　　本：880mm×1230mm　1/32　　印　　张：8.75　　字　　数：180千字
版　　次：2019年8月第1版　　印　　次：2024年10月第16次印刷
书　　号：ISBN 978-7-5217-0792-2
定　　价：69.00元

特别感谢我的家人

在前进道路上给我无私的理解与支持！

谨以此书，

献给在投资道路上探索的朋友！

为大家在探索投资的道路上，点一盏灯。

# 目　录


序：聚焦龙头 / 但斌　V

自　序　VII

1　**缘起：龙头战法的来龙去脉**　001

2　**龙头永不眠：龙头的自我强化和异化之路**　007

3　**龙头更需要风控：通往天堂的路，同样通往地狱**　011

4　**龙头风险面面观**　017

- 领涨变成领跌　017
- “核按钮”　029
- 高处不胜寒：天然性风险　032
- 稀缺性风险　035
- 逆天风险　036
- 同质化风险　038
- 攀比乱心风险　040

5　**龙头信仰**　045

| | | |
|---|---|---|
| 6 | **重新定义龙头** | **057** |
| | – 龙头要有价值加持 | 058 |
| | – 龙头必须拥有对外影响力 | 066 |
| | – 市场性是龙头股的灵魂 | 068 |
| | – 龙头股必须具备第一性 | 071 |
| 7 | **龙头破执** | **075** |
| | – 破以结果定义结果之执 | 075 |
| | – 破涨停板之执 | 077 |
| | – 破形态之执 | 081 |
| | – 破技术分析之执 | 089 |
| | – 破追涨停板之执 | 095 |
| 8 | **正信正念：原教旨主义龙头战法** | **101** |
| 9 | **龙头的真假** | **105** |
| 10 | **龙头的位置理论** | **123** |
| | – 高和低的问题 | 125 |
| | – 位置定性 | 135 |
| 11 | **龙头的黄金博弈** | **147** |
| | – 假龙头、高位置 | 148 |
| | – 假龙头、低位置 | 149 |
| | – 真龙头、高位置 | 149 |

- 真龙头、低位置 150

12 **一花三叶，一龙三脉** 155
- 股权龙头 156
- 白马龙头 160
- 黑马龙头 165
- 三脉争流，同气同宗 167

13 **别开天地的妖股** 171

14 **食龙族** 177

15 **再论价值性** 181
- 价值从“争”中来 183
- 价值从“有用”中来 184
- 价值从政策中来 185
- 价值从“信”中来 186

16 **龙头真善美** 189

17 **敬畏天地：打通行情督脉** 193

18 **重塑自我：让自己配得上龙头** 201
- 奉道不奉钱 202
- 不顾诸神，对抗全世界 205
- 空性 207
- 无成就感 209

- 和解 210
- 无情 211
- 严肃 213
- 观我 214
- 随缘 216
- 干净 217

19 **取舍** 221

20 **龙头买点，百舸争流** 237

21 **香象渡河，一眼花开** 245

**跋：破执与取舍** 249

**参考文献** 257

# 序：聚焦龙头

**但 斌**

深圳东方港湾投资管理股份有限公司董事长

《时间的玫瑰》作者

投资一买一卖，看似简单，但做好不易。

为了解决投资这个“不易”，产生了众多的投资思想和策略。聚焦龙头，就是一个相对宜行的策略。

商业竞争中，每个行业都诞生了各自的龙头，比如国内的腾讯、茅台、中国平安，再如国外的亚马逊、苹果、谷歌。龙头代表某个行业最顶尖的企业，也代表最强大的竞争力。所以，进行投资选择的时候，主动靠拢龙头，本质上就是拥抱最强大、最有价值的企业。

本书，笔墨丹青于此，极具价值。本书聚焦龙头，提出龙头信仰，难能可贵。

但，正如作者自己所言，龙头后面加个信仰，不是为了让奉行者看起来够高大上，而是为了用信仰来保持龙头的纯粹性。

大多数人提起信仰，往往热血沸腾，殊不知“信仰”一词是个窄门，很多人是不能承受信仰之重的。要真正做到龙头信仰，真正坚持信仰，应该：

*1.* 大胆取舍，非第一性企业不介入。

*2.* 信仰洁癖，不首鼠两端和患得患失，不搞机会主义，坚守内心之道。价值当道，没有价值，任何龙头将成为无源之水，无本之木。

*3.* 做减法。真正聚焦龙头，应该跟踪少而伟大的公司，而不是四处出击。

龙头与其说是一种策略，不如说是一种价值观，是一种坚守。愿大家能坚守龙头企业，分享伟大企业的经济成果。

深圳

2019.04.11

# 自序

王家卫的电影《一代宗师》里宫二有句台词：

我爹常说，我这种人，唱戏能成名角，出家能成高僧，因为我会迷。

第一次看到这句话，我突然觉得是在说自己，因为我也是一个容易“迷”的人。我从来不玩游戏，从来不打麻将，很多东西从来不敢碰，因为我怕自己迷进去。我曾“误入”中医，一迷就是好多年，从一个门外汉到《伤寒论》《金匮要略》不离手，给别人开的处方曾自信不逊于三甲医院的中医，但后来还是没有从事中医这一行。这算浪费青春吗？也曾有段时间我迷上了《周易》。这更是一个“无底洞”，深不见底。不过这么多年来，最让我着迷的、付出时间和精力最多的，还是投资，为了投资最终放弃了心爱的中医和《周易》。

从炒股到现在，我不知耗费了多少心血，白头发也明显多于同龄人。《性命圭旨》中，王重阳曰：

两脚任从行处去，一灵常与气相随。

有时四大熏熏醉，借问青天我是谁？

有时候思考投资到三更半夜，也有那种“借问青天我是谁”的追问。在投资路上，我可谓“神农尝百草”，各种套路和方法，几乎全部尝试了个遍，最终皈依到龙头战法上来。为了分享我做龙头的心得体会，2013—2014 年，我花费了一年多的时间，把自己的心血精心整理成一份材料，本来没有打算出版，只供自己内部人交流使用，后来想了想，还是让大家都能分享吧，于是有了龙头股领域石破天惊式的作品：《股市极客思考录——十年磨一剑之龙头股战法揭秘》。

该书问世后，我最担心的是误解和误读，大家会不会把龙头战法变成追高、打板的代名词？会不会把前因后果和内在逻辑全部省略，就把龙头战法简单理解为谁涨得高买谁？会不会有人把龙头当成一个筐，什么东西都往里面装？龙头一词会不会被别人简单化、口号化和脸谱化了？很多人本来很理性、很冷静，会不会因为看了龙头战法就热血沸腾，“理直气壮”地见到龙头就一拥而上？龙头战法会不会成为某些人犯错误的理论依据和思想武器？

这种担心不是多余的。后来“龙头”一词在互联网传播中真的异化成了我都不敢认的样子。我在深圳跟一些私募基金老总交流时，我们谈到佛法，如果误导苍生，会不会是一种重大的罪恶？特别是对一个重要投资流派的启蒙者和布道者来说，如果他传播的知识是错误的，或者是容易被误解的，会不会是不可原谅的？著书立说是可以积德的，佛家也把这个叫法布施，但他们讲的应该是正信正念之书，应该是厚德载物之书。我的那本书，算得上正信正念、厚德载物吗？

作为著书立说的人，我深刻体会到了孔子的感慨：“知我者其惟《春秋》乎？罪我者其惟《春秋》乎？”书事关人心，一种新的学说和理论，可能会普度众生，也可能会贻害众生，必须慎重对待。不到“天雷勾动地火”的火候，不要轻易提出一种理论和学说。越这样反思，我就越觉得有必要再写一本书。因为我的第一本关于龙头股的书，受阅历和投资实践所限，里面有很多观点是值得推敲的，也有一些内容是容易引起误解的，有必要重新写一本关于龙头股的书来正本清源，才能心安理得，于是有了这本《龙头信仰》。

龙头战法并不等于无脑追高，也不等于空喊龙头信仰的口号，更不是见涨就追，而是一套高智商的博弈哲学。要做好龙头股，交易者不仅需要具备独特的交易理念、丰富的实战经验，还需要在股市中淬炼性格，更需要在人生中偶遇一些高手指点。正如功夫名家所言，真正能学好武术，必须有三个条件：

**“明师”[1]指点，天赋异常，勤学苦练。**

而现实中，并不是人人都具备这些条件，并不是每个投资者都具有做龙头股所需要的知识储备和逻辑解读能力。而这个时候我写了一本指导如何做龙头股的书，会不会把一种本来不应该普及给普通投资者的投资方法，带到了千家万户？

孔子说过：“可与言而不与之言，失人；不可与言而与之言，失言。”我对全天下的投资者，不分长幼尊卑，不论知识结构和禀赋差异，都普及一种叫龙头战法的投资思想，到底算“可与之言”还是算“不可与之言”呢？ 我越想越

① 明师者，乃真正明白道理之师，开明贤达，明心见性。

觉得有责任重新写一本更为详细的书，把龙头股说清楚，否则我心不安。

当然，只要我立足于当时的知识结构，倾注心血写出内心所想，起心动念在于传播正念，就是厚德载物。至于结果，这个世界上本来就没有绝对真理。整个科学史不就是一部证伪的历史吗？医学专家几乎每年都在推翻很多他们以前的结论，那让前几年接受错误治疗的患者情何以堪？

这样想会宽我心，但我不能这样“狠心”。学问虽然没有绝对真理，但有些基本问题还是有正确答案的。如果我明显发现昨天的某些东西是错误的而不去纠正，那就不地道了。所以，我必须重新出一本全新的龙头投资的书，来弘扬一种我认为是正信正念、正本清源的龙头战法新理论，归醇纠偏，让龙头回归正朔。

龙头战法其实是一种特别专业的活。很多人自以为懂得龙头，其实他很可能只是懂一点理念，离真正做好龙头还差得远。《楞严经》上有云：“理可顿悟，事须渐修。”龙头的理，可以三言两语顿悟；但龙头的事，却千回百转，道行深得很。

做任何事情都需要专业，做龙头股更不例外。我曾经在网上看过一段中国社会科学院副院长高培勇对“专业”一词的界定，觉得特别好：

第一，必须有完整而系统的训练，不能因为看了几本书，就觉得自己是某个领域的专业人士了；

第二，在一个领域长期蹲守，持续跟踪，至少十年；

第三，对这个专业发生的事高度敏感；

第四，在该专业领域，有足够多的资源支撑，不仅包括数字资源，还包括人脉资源，缺一不可。

这应该是我看过的关于专业最好的阐述，用在投资领域再合适不过。股市上很多所谓的大V，连个牛熊更替都没有经历过，遑论十年蹲守，就敢说自己悟道了。特别是自媒体的一些写手，炒股刚刚一两年，就敢以“股神”自居，指点江山。股市是个特殊的地方，有些股票知识不亲身在实践中去体验、去感悟，再高的智商也不行，感性经验是不能用智商弥补的。很多投资大师都是在这个市场上历练若干年才立地成佛的。就拿索罗斯来说，他1956年迁居美国，一开始只是个分析师，一直到1969年才成立双鹰基金，历时13年；而他自立门户是在1973年，是他在这个行业干了17年之后的事。反观国内，很多人炒了几年股票就觉得自己已经悟道了，其实还远着呢。高培勇对专业的定义，非常适合投资领域。

对照这个标准，写第一本书的时候，我还不够专业，虽然时间上蹲守了十年以上，但圈内人脉资源不够，而且知识体系我也不敢说多么系统和完整，因为书出版后，我发现我缺少的知识更多了。

作为弥补，在本书中，我把我对龙头战法的新思考和新探索全部写进去，而且，尽量写龙头的“窄门”，尽量让大家不要把龙头理解简单化、庸俗化了，尽量让大家不要再误解龙头了。这次要把龙头战法内部的乾坤写透。

在这里，我特别想强调的是，书无论多好，就算是作者的啼血之作，也永远代替不了读者自己的深入思考。没有人能靠一两本书学会投资，书最大的价值是启发思考。正是出于这个考虑，我在书中尽量少给答案，尽量多给大家提供开放式的思考空间，我要的是让这本书燃烧大家。在多处行文中，我都刻意展示我思考的过程和角度，而不是简单地呈现结果。我认为对思考过程的展示，才是真正宝贵的。至于结果，任何所谓的结果，都有可能是错误的，而探索过程才弥足珍贵。

成功的投资，由三个部分组成：市场、投资体系和自我。很多书介绍投资，大多只能涉及前两项，都在怎么认识市场和怎么建立交易体系上打转，“自我”这个最重要因素被忽略了。本书的一个特色就是深度解剖“自我”，力求帮助投资者重塑投资品格。

本书另一个特点是反复写破执和取舍，反复强调理而不是利。因为大家对龙头战法的误解和误读太深，必须大胆革命才能重回龙头正朔。为了破执和舍弃，为了让龙头战法走在阳光大道上，本书做了大量价值引导的工作，并把价值加持放在关键的、核心的位置。因为龙头股天然具有的是皇气和贵气，而不是充满投机气和匪气。

龙头信仰是最需要破执和取舍的。很多人觉得龙头后面加个信仰，够高大上，于是争相引用，殊不知“信仰”一词是个窄门，很多人是不能承受信仰之重的。我认为，信仰无论如何理解和定义，至少应该有以下几层意思：

*1. 取舍。为了一个信仰，必须放弃其他信仰，必须持戒，必须放弃很多东西。*

*2. 超越。超越短期性和局部性，不说追求终极目标，至少也应该追求整体目标。*

*3. 原则主义。讲过程正确，程序正确，而不是就结果论结果。*

*4. 抵御诱惑。不符合本门的东西，再好也不要，绝对不能首鼠两端，贪图小利。*

*5. 与旁门左道做斗争，维护本信仰的纯粹性。*

龙头信仰是投资信仰，不是宗教信仰，无须那么多的仪式感和宗教性，但它至少也应该是讲取舍的、讲超越的、讲原则的、讲纯粹性的。而现实中很多所谓龙头信仰者所奉行的却是谁涨得高谁是龙头、谁结果辉煌灿烂谁是龙头，毫无原则性和取舍性，只讲结果正确不讲过程正确，他们所谓的龙头信仰只不过是为自己首鼠两端找个好听的词罢了。如果了解了信仰的真正内涵，很多人是会放弃信仰的，因为坚持信仰会砍掉他们至少一半的交易。信仰，理应从取舍开始，从持戒开始。本书就是要传达这种价值观。好的投资，不是我行我素、信马由缰，而是大舍大得、杀伐果断。

信仰就要取舍，舍得越彻底，信得就越笃深。很多人一开始都有龙头信仰，对强者恒强深信不疑，但在实战中看到暴涨都幻想是龙头，结果被伤害多了就放弃了龙头，也放弃了信仰。所以我说，人和投资方法也讲缘分。很多人看到龙头战法的介绍，特别喜欢看怎么找龙头，怎么追龙头；而另一些人看到龙头战法，特别喜欢去看风险控制和龙头真假识别的内容。见到暴涨股，前者是拿着“信仰”冲进去；后者是先问几个为什么，留下确定性强的，舍弃可疑的。前者后来离开了龙头，怀疑龙头，再也不提信仰了；后者越来越深信龙头，越来越喜欢做龙头，变成龙头股的忠实信仰者。很多人对龙头，不是缺乏信仰，而是缺乏取舍。或者说，信仰本身就带有取舍，只是很多人误解了信仰，他所谓的信仰只是盲信，不是正信。

这也是破执，破信仰之执。信仰不是雁过拔毛，信仰不是见涨就追，信仰不是全天候作战，信仰不是比胆量、比口号。龙头信仰是一套关于如何做龙头的哲学，它理应是智慧的、冷静的、老谋深算的。龙头战法是一种全新的选股哲学，它的核心是如何选择行情、如何选择周期、如何选择价值、如何选择级别、如何选择取与舍。把这些东西通盘考虑透了，才是龙头信仰，也才是真正做到破执。

如果真正破执，龙头战法就会信之弥深，受益弥多！

本书写作过程中，得到张建国、林嘉、乔三东、赵致暄、袁晗、蔡润、小丁、酒哥、邱华颖、陈乃林、王兆生等朋友的无私帮助，在此表示特别的感谢！

关于龙头的最新思考，我会定期在微信公众号“股市的逻辑”上更新文章。我也期待与读者进行思想火花的碰撞，我的 E-mail：orange800227@163.com；微信号：elephant800227。

# 1

## 缘起：龙头战法的来龙去脉

龙头，老大是也。

龙头是第一性的事物，由第一性事物衍生的规律就是龙头规律。在很多领域，我们发现凡是第一性的事物，大都在竞争和博弈过程中享受远远超过它自身应得的优势和好处，我把这种现象称为龙头现象。

龙头现象和龙头规律存在于很多领域，比如政治领域、军事领域、中医领域、围棋领域等等。在这些看似不沾边的领域中，也都能看到龙头的世界观和方法论。龙头哲学天然存在，古已有之。唐代大诗人杜甫《前出塞·其六》“射人先射马，擒贼先擒王”，就是最经典的龙头哲学的描述。中医用药法则里面，就有君、臣、佐、使，其中的“君”药，就是典型的龙头。

但把龙头与投资相结合，形成投资领域的龙头理论，却是不早的事情。最早注意到股市里的龙头现象是利弗莫尔。无论是埃德温·拉斐尔创作的以利弗莫尔为原型的小说《股票大作手回忆录》，还是利弗莫尔后来自己亲笔所著书籍——《股票大作手操盘术》，都提到龙头现象。不过，那个时候的提法是“领头羊”，不是龙头股，但本质就是龙头规律在股市里的运用。

需要说明的是，利弗莫尔虽然运用到龙头规律来选股，但是龙头规律并没有从他诸多投资天赋中独立出来，而是混在他天才投资哲学里面，是他投资宝库的一部分。其实后来者也都如此，比如威廉·欧奈尔提出了 CANSLIM 模型，就强调买 leader 类股票，翻译过来就是领军股或领导股，其实也就是龙头股的意思。巴菲特选股，也会选择行业领袖，有定价权和护城河，暗含的意思也是选龙头股。他们的共同点都是把龙头哲学混入其博大精深的投资哲学体系，成为其投资理念的一个组成部分，而不是单独提炼出来，让它成为皇冠上最耀眼的明珠。

真正意义上把龙头规律运用到股票市场上来，独立而又纯粹，且以龙头哲学为核心指导思想的，是 A 股里的一批投资贤达。神奇的 A 股，造就了神奇的投资者。中国股市比其他任何国家的股市都更加波诡云谲，这就决定了 A 股生存环境更加恶劣，其幸存者所使用的投资思想和武器更加诡异。

不知是偶然还是必然，A 股一批悟道者早在其他人的投资智商几乎还处于蛮荒状态的时候，就发现了龙头现象，总结出龙头规律，并大胆灵活地运用。需要说明的是，A 股中龙头哲学的运用，沿着三个路径往纵深发展，一花三叶。

第一个路径是股权龙头，也称价值龙头。龙头规律基本面化、长线化。这批龙头的悟道者发现，龙头规律最大的用处在于基本面，如果发现一只股票基本面是足以“一览众山小”的上市公司，那么任何投资方法都不如长期重仓持有该公司。该派龙头人物在价值深处认为，对于龙头类上市公司，不要把它当股票来看待，要把它当成股权来看待。因为该类公司在实业界具有龙头风范，对其最好的投资策略就是把自己设想为股权投资者，享受龙头的长期竞争优势。这批人后来紧紧抱住茅台、恒瑞、万科等公司，有的还跳出 A 股去拥抱在境外上市的腾讯、网易、好未来等公司，甚至全球配置龙头企业，比如亚马逊、苹果、谷歌和高盛等，积累了巨额财富。

第二个路径是黑马龙头，也被称为盘面人气龙头。就是把龙头股规律博弈化、短线化，并把龙头哲学与 A 股独特的涨跌停板制度结合起来，将盘面人气和情绪高度结合，同时利用题材、热点和板块效应，制造稀缺感和逼空效应，形成一套独特的龙头短打博弈技巧。这批龙头悟道者发现，射人先射马，擒贼先擒王，任何一轮行情，只要情绪到了，就可以推波助澜，擒住其中的“贼王”，获取超额收益。这批人在 A 股闪转腾挪、翻江倒海，创造了巨额财富，有的已经远远超过十年一万倍。今天盘踞在上海、深圳、绍兴、杭州、宁波的很多龙虎榜的常客，比如中信证券上海淮海中路、光大证券深圳金田路、银河证券绍兴路、深圳欢乐海岸、中信证券杭州四季路、宁波解放南路等等，都是深谙此类玩法的翘楚人物。

第三个路径是白马龙头，我把这一派的龙头做法也称为中间路线或价值投机。这一派的做法不是单纯依靠市场人气和情绪，也不是一股脑长期投资，而是把价值和短线博弈结合起来。其选股思路是价值当先，选择有价值发现的标的，或者能够引起价值巨变的标的，然后用短线手法将这种价值发现推波助澜。这一派的做法其实是把前两种做法结合起来，把基本面的价值和博弈面的人气纳入同一共振范畴，走一条中间路线。因为该派选择的股票大多数是价值白马，所以我也把这派龙头的做法称为白马龙头战法。

从表象上看，上述三种路径似乎大相径庭，但它们本质是一样的，那就是都在龙头哲学的支配下行事，寻找各自的“leader”、各自的“王”，也就是各自的龙头股。它们秉承自己的龙头路线，结出丰硕的果实。

以前，龙头理论和操作细节都在小圈子内私享，对外则顾左右而言他。但，随着互联网的传播，特别是随着有些人对某些股票的跟踪研究，龙头的规律和细节逐步被披露出来。其中，拙著《股市极客思考录——十年磨一剑之龙头股战法揭秘》（海天出版社），对龙头股投资思想、逻辑和一些操作细节一窝端式的呈现，对传播和推广这种秘密武器，起到了很大的作用。在此之前，很多龙头哲学和龙头规律都藏得很深，即使有人提到，也是只言片语，或零星地散落于某个论坛里，或零星地隐匿在某个博客上、某个微博里。本人则把龙头战法，特别是博弈化和短线化的龙头战法，系统化、全面化地呈现给全国的读者。龙头战法以此为分水岭，以前藏在深闺独自用，此后飞入寻常百姓家。

# 2

# 龙头永不眠：龙头的自我强化和异化之路

无论是股权龙头、黑马龙头还是白马龙头，都讲究抓住同类股票的领军者，而领军者天然就具有明星气质和人气光环，这恰恰符合 A 股股民的内心世界：哪里能折腾就到哪里去！龙头哲学与 A 股股民的秉性天然吻合。

于是，龙头理论一经在大众间传播，便一发不可收拾，资金就永不停息地去打造龙头，而龙头的追逐者们也在这个过程中狂欢和饕餮，一时间，龙头永不眠。龙头哲学以爆炸式的方式传播开来。

曾几何时，只要你打开各大财经网站，打开微博和微信公众号，各个大 V 的分析文章中“龙头”一词就向你扑面而来，买股买龙头，成为一种不二的选股策略。而以前在各自投资领域各行其是的投资人，也有很多纷纷转向龙头，张口闭口这个龙头那个龙头。打板的向龙头靠拢、技术的向龙头靠拢、波浪的向龙头靠拢、价值的也向龙头靠拢，好像全体投资者都在进行寻“龙”游戏。

说句难听的话，龙头是个筐，什么都往里装，把自己的私货用龙头包装一下，然后说自己是龙头战法。

但是，在龙头哲学自我强化的时候，龙头也产生了“异化”现象。原本不是龙头哲学，不符合龙头规律的，为了应景儿或者为了圈粉，都把自己叫龙头。

这其实就让龙头承受其不能承受之重。

当然，这与市场的走势也不无相关。2015 年至今，几乎每个月——除了股灾之外——都有几个暴涨股产生。虽然这些暴涨股暴涨的原因各异，但其外在形式无一例外都是持续暴涨。这就让龙头股的信奉者产生一种错觉：龙头战法太刺激了，太实用了！

事实上，龙头股确实都具有暴涨的特征，但暴涨的不一定都符合龙头的内在逻辑。

行文至此，笔者不得不说，任何一个投资理论，都是以过程和逻辑来定义，而不是用结果来定义。凡是能暴涨的都是龙头，凡是涨得最好的都是龙头，这种定性龙头的方式，就是混蛋逻辑，是极其错误的龙头定义方式，因为这是用结果来定义。涨得好的就是龙头，涨得不好的就不是龙头，这等于没有定义，因为没有内在的逻辑来统一定义。

严肃的定义，一定是过程和逻辑定义。凡是符合某某特点，出现某某端倪，内在逻辑具有某某属性，无论其最终结果如何，它都是龙头股，这种定义才是真正的龙头定义。

但这里有一个难点，也是一个最难用文字去说明白的地方，那就是龙头的定义中，难免会涉及“结果”。

龙头是领涨者，如果它不涨，你怎么知道它会领涨呢？而它涨高了，又陷入了以结果定义结果的谬误。特别是黑马龙头股，这个难点也是很多人攻击龙头理论的地方。

关于这个问题，有点类似于量子力学的测不准原理。如果你不观察它，你怎么知道它存在？如果你去观察它，它又会因为你的观察而改变。

重新定义龙头，是本书的终极诉求。所以，我会在本书的不同章节从不同的角度去回答这个问题。

我们可以这样想：领涨，不等于涨完之后才知道它领涨。当某个板块开始暴涨，我们在上涨之初就能发现谁具有领涨的势头，就可以运用龙头战法，而不是等结果完全出来。如此，龙头战法既把“结果”部分纳入其定义中，又不会陷入以结果定义结果的谬误。

2015 年之后每个月产生的暴涨股，有的符合逻辑，有的纯粹是从结果定义结果，但无论如何都让人看到，好像每个月甚至每周都有龙头。这种“认知”是龙头股战法快速普及最鲜活的广告，无论这种“认知”是否正确。

但，该还的债还是得还。审判只会迟到，从不会缺席。

以结果定义龙头，不讲究龙头内在逻辑的一致性和定义的严肃性的投资者，很快就会见识到“龙头”的另一面：领跌！

2018 年，熊市呼啸而来，随着去杠杆和中美贸易摩擦，A 股出现了不小的动荡。在这轮动荡中，那种见到暴涨的股票就买入的“龙头战法”失灵了。用这种标准选的股票不但不领涨，甚至跌起来比普通股跌得还厉害，变成领跌股了。很多人按照旧方法，看到所有“领涨”“空间板”就进入，看到弱转强回封就上，结果亏得一塌糊涂。这些人开始高呼：龙头战法不管用，龙头战法失效了，龙头战法过时了！

如果你仔细辨认，你就会发现，这批人当中有很多就是当初把什么暴涨股都往龙头里面装的人。为何出现这种变化？到底是龙头战法失效呢，还是那些违背龙头哲学的做法受到市场惩罚，从而反证龙头战法更有效呢？

# 3

# 龙头更需要风控：通往天堂的路，同样通往地狱

对于书的作者，最大的罪恶莫过于传播错误的知识和观念，或者传播一种容易被误解误读的观点。所以，我写书时，总是反复叩问自己的内心：你提出的观点和逻辑自己内心认可吗？如果自己不认可，一定不要传播出去。而且，我还会更深入地追问自己：内心认可就完事了吗？是否容易引起歧义？容易被误解？

正因如此，我在第一本书《股市极客思考录——十年磨一剑之龙头股战法揭秘》开篇先写风险控制，先让大家把风控放在第一位，尽量压着写，避免大家对龙头做出过于简单和肤浅的理解。但是，现实中，很多读者无视风控，

也无视趋势和行情，盲目沉浸在自己的龙头世界里疲于应战。

由于之前几乎没有一本书专门聚焦龙头，系统、全面地写龙头战法，所以我的《股市极客思考录——十年磨一剑之龙头股战法揭秘》让很多人感到很兴奋。可以这样说，正是这本书，让很多人觉得龙头股——“这里的世界很精彩”。

我的担心就在这里！

龙头股战法是一种高智商的博弈智慧，它需要你有足够多的投资经验、感性认知和深入思考，同时还需要有与众不同的性格和思维。如果不具备这些，强行将龙头战法硬性灌输给普通投资者，其结果很有可能是灾难，而不是赚得盆满钵满。

很多人因为看到我第一本关于龙头股的书写得精彩，就忘记了它背后藏着无数的细节以及需要大量实战之后才能掌握的窍门，强行进行交易。我在上海遇到几个读者，都是各自行业的翘楚，私下跟我聊说：“彭总，我和我的同事根据你书上写的龙头战法来做股票，结果跟想象的不一样。”

我觉得也很奇怪，没有一个人因为看了一本外科手术的书就去给人做手术，但是却有很多人因为看了一本介绍投资方法的书，就以为可以越过别人无数的感性认知和经验积累，直接用好那种方法。

《楞严经》言“理可顿悟，事须渐修”，说的就是这个道理。

当我把这个逻辑跟那几个上海的朋友说完之后，对方才恍然大悟。

但这并不代表我可以对书不负责任。我最担心的不是书上的观点错误，而是担心我的观点被简单化、脸谱化和口号化，被误解。

所以，我在那本书上反反复复、唠唠叨叨地提醒风险，同时也尽量把龙头的逻辑顺序讲透：先看有没有趋势保护，次看有没有行情支持，再看有没有大级别题材背书，然后看有没有领涨属性（记住，领涨不是独涨），最终要看市场和盘口的裁决。这些问题解决完之后，才能去考虑怎么做龙头。但是很多人是根本不会去理会这个致命的本末和顺序的。

《大学》里说：“物有本末，事有终始，知所先后，则近道矣。”一个投资系统里面，本末结构和先后顺序，往往比事物本身更重要。很多人做龙头，不看这些本末和先后，就是一股脑上上上，你不出问题谁出问题？

这还不是最大的问题，最让我担心的是，“龙头”被某些人脸谱化为追高的代名词，把前因后果和内在逻辑全部省略，就把龙头简单理解为谁涨得高买谁。

后来的事实证明，这种担心不是多余的。很多人在没有龙头口号的时候，还能坚持保守的原则，买股还能持重，讲究成本，且位置把持得很好，但有了龙头做“信仰背书”和“理论武装”之后，被半瓶水晃荡得以为龙头就是敢追高，就是要大胆。或者原本喜欢追高，但屡屡被市场收拾，突然看到龙头理论了，误以为原来追高是对的，本来可以痛定思痛，结果又在追高的道路上“理直气壮”地越走越远。

也就是说，龙头成了某些人无脑追高的理论依据。

斯诚痛也！

龙头的基因里有几个维度和观察标准，高只是其中的一个，甚至龙头未必一定就要追高。如果不考虑其他，就单独把高这一项拿出来当成龙头的风向标，会很害人的。

龙头战法眼里的“高”，其本质不是高，而是强；而且，高的背后是还能有更大空间的高，这种高才是龙头所要的。如果没有这种逻辑素养和广阔的视野，仅仅把高当成龙头的标准，不出大问题才怪呢。

关键是，A 股的大多数股民是没有这么多的知识储备和逻辑解读能力的，而我在这些读者面前把龙头的逻辑解读得这么天然正确，会不会让他们本能地就把龙头和追高画上等号?

如果仅仅是普通股民无法拥有强大的逻辑解读能力，无法分清强和高的区别，无法认清龙头不等于追高，也就罢了，怕就怕那些貌似“股神”的大V和名人，通过各自的微信公众号和微博，变本加厉地向普通投资者散布龙头就是比谁胆大、比谁涨得高的理论。

通往天堂之路同样通往地狱。“龙头”一词也同样可以套用这句话：最赚钱的方法如果用不好，同样可能会变成最亏钱的方法。

细节里蕴含着千变万化，本末和先后顺序里更藏着生死玄机。

龙头战法是一种高智商的博弈智慧，不能沦为互联网快消年代的口号，更不能成为某些人无脑乱买的壮胆符号。

关于高与强，其实是内藏乾坤的。有时候，高可以证明是龙头，要买龙头就必须追高。而另一些时候，甚至绝大多数的时候，高是虚高，它包藏祸心，追高要付出沉重的代价。其实，高低是表象，高低背后的逻辑才是根本。如果看不到这一层关系，简单地从高和低来看龙头，那很容易陷入形而上学的机械主义。

比如创新高买入法，还有连板买入法，很多追高是表象，但是如果站在更加宏大的波浪角度，那个时候其实是低。是性质决定高低，而不是股价涨幅决定高低。问题是，当你没达到这个认识高度，谈高和低，都是错的。也就是说，龙头战法对是否追高的认知，是要跳出高和低本身的。如果没有这个能力，仅仅以追高或者低吸来做龙头，都是不对的。正是从这个意义上讲，如果把握不住龙头的神，仅仅把龙头脸谱化为追高或者低吸潜伏，都是对龙头的误读。正如武侯祠前一副对联："能攻心，则反侧自消，从古知兵非好战；不审势，即宽严皆误，后来治蜀要深思。"

一句话，龙头的世界很精彩，但是越精彩的世界越需要死抠其中的细节，越要防范其中的风险。

那么，做龙头股有哪些风险呢？

# 4 龙头风险面面观

龙头的风险比普通股票更大，因为它的波动更剧烈。龙头战法应该注意的风险非常多，在这里，我重点谈谈实战中最应该注意的几大风险。

## 领涨变成领跌

龙头的核心属性是领涨，领涨是龙头的 DNA。这个属性，很多人都懂。但，龙头在某种情况下还有领跌的一面，很多人就陌生了，或者不愿意接受了。

有时候，龙头领涨和领跌仅仅一线之隔，让人防不胜防。昨天还领涨，今天就有可能领跌。那么，龙头具体在什么情况下领跌呢？

其一，市场退潮期。

恰好赶上市场退潮的时候，龙头容易被当成出头鸟来打。一旦下跌，它往往比大盘跌得快，成为领跌品种，佛变成魔。甚至，有时候两市的暴跌也是由于龙头的暴跌引起的。也就是说，龙头从人人追捧变成了人人远离。

中国中车是典型的龙头股，无论从基本面、技术面还是题材面来分析，这只股票都被认为是最经典的龙头股。我们来看图 1。该股第一次高点是 2015 年 4 月 20 日，右侧的高点为 2015 年 6 月 9 日。从 6 月 9 日起，中国中车进入了领跌状态，这个领跌并不是它自己独自暴跌，而是它的下跌还把大盘带下来了。须知，大盘在 6 月 9 日并没有下跌，中车是典型的引领大盘暴跌的领跌股。春江水暖鸭先知，秋冬寒来蛇早眠。

昇兴股份是 2015 年牛市中的爆款品种，是典型的黑马龙头，它趁势引领两市次新股暴涨，掀起次新股狂潮。但是，5 月 28 日后，该股开始引领下跌，由领涨变成领跌品种。而彼时，大盘还没有开始暴跌。该股突然之间从香喷喷变为臭烘烘。昇兴股份走势图见图 2。

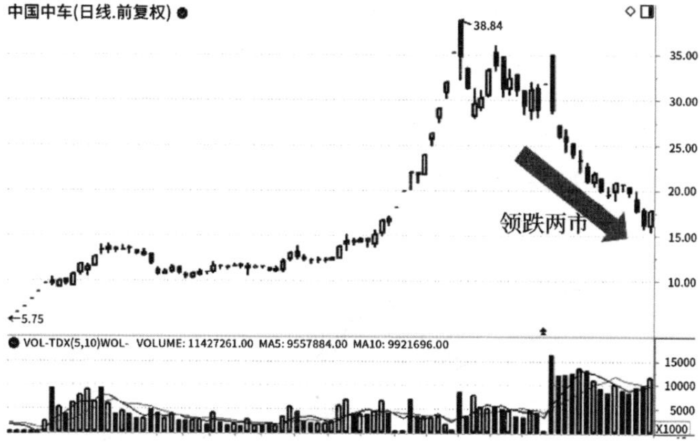


图 1　中国中车 2015 年部分走势图

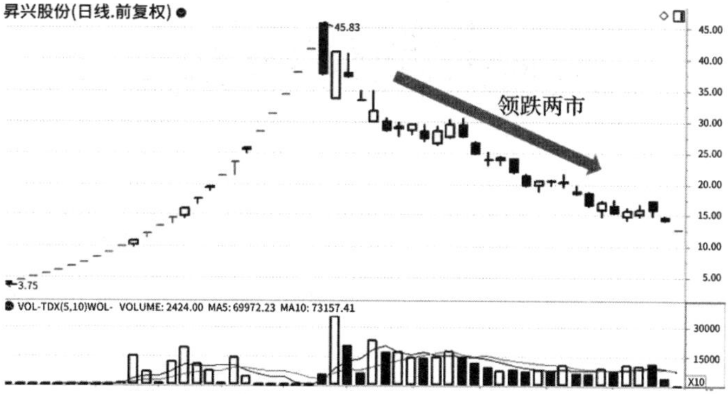


图 2　昇兴股份 2015 年部分走势图

泰禾集团是2017年年底出现的一只典型的龙头股，它具备严格的板块效应，掀起整个地产股的集体上涨。它几乎完美地具备龙头股的所有特征，是教科书式的龙头股。该股经历领涨后，于2018年1月24日开始暴跌，领跌地产板块，且领跌大盘指数。见图3。

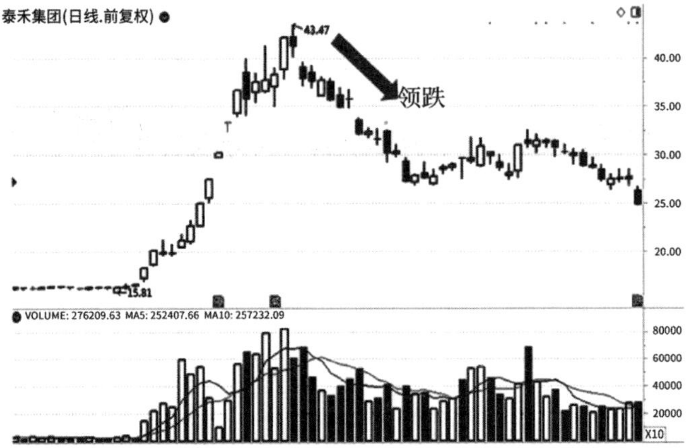


图3　泰禾集团在2017年末到2018年初部分走势图

所谓的领跌，就是它跌得比别人快，比别人持久，并且，别人看到它跌，更加恐慌地加入下跌大军，更有甚者，它还会把大盘也踹下来。

当然，并不是所有的龙头股都有领跌的一面，领跌只在部分龙头股身上才会出现，或者龙头股在某种情况下出现领跌。我们现在正在讨论的，就是容易出现领跌的那些情况。识别领跌的特征，并防范自己手中的品种出现领跌的情况，是龙头风控的重头戏。很多人说，我能买对龙头，也能拿住龙头，但就是防止不了龙头回撤。这恰恰说明，缺乏对龙头领跌一面的认知以及防范，是多么伤人。

我们刚才讨论的是个股领跌叠加大盘领跌；或者是个股的下跌把大盘踹下来；或者是大盘暴跌把个股带下来；或者是大盘没有问题，龙头个股也会出现领跌的一面，它对整个板块形成领跌；再或者龙头到了它该到的位置了，它自己也会由暴涨变为暴跌。无论哪一种，都是龙头风控要重点解决的。

其二，板块退潮，个股裸泳的时候。

龙头需要具有板块性，没有板块性，你当什么头，光杆司令还差不多。你看哪个老大不是前呼后拥的？龙头的领涨，就是暗含着龙头能够带领一个板块或者大盘整体上扬。如果板块不跟风，没有板块协同效应，那么龙头一旦发现自己在“裸泳”，可能反手进入领跌行列。

盘龙药业（见图 4）是 2018 年春夏之交诞生的一个龙头，当时整个市场炒作远端次新叠加独特产品，这轮市场脉络发酵的是泛独角兽题材。盘龙药业在这轮行情中也扮演着领涨的角色，但4月12日见顶之后，该股陷入暴跌。上涨有多精彩，下跌就有多触目惊心。为什么这个时候它特能跌？因为该股4月9日停牌，在停牌期间，同板块类的远端次新中，万兴科技也在4月10日见顶暴跌，诚迈科技早在4月10日也见顶转跌，正海生物在更早的4月9日就见顶转跌了，最迟的必创科技也于4月12日同日转入下跌。板块效应全无，光杆司令发现自己在“裸泳”，于是一头扎入暴跌的军团。

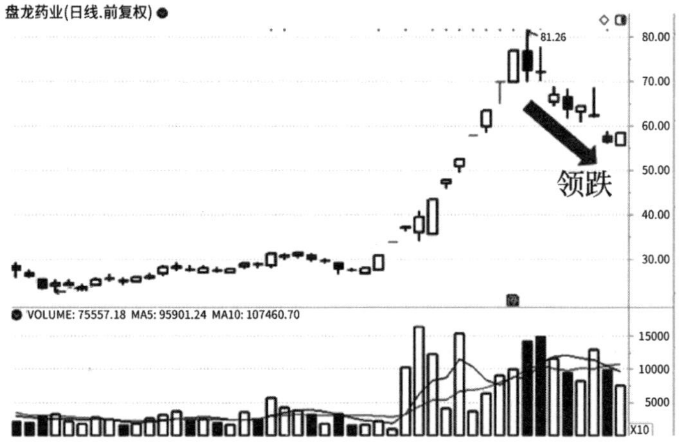


图4　盘龙药业2018年部分走势图

宏川智慧（见图5）是在2018年夏季诞生的一个龙头，

当时的大背景是石油涨价，加之石油期货的推出，而且港珠澳大桥通车也推动着该股的题材发酵，让该股成为当时的应景品种。但该股在 5 月 24 日停牌，6 月 1 日复牌，其间，同类股票几乎全军覆没，包括道森股份、贝肯能源、南京聚隆等。该股复牌当天，曾经试图反攻，但终因没有板块效应而由暴涨转入暴跌，从此一蹶不振。

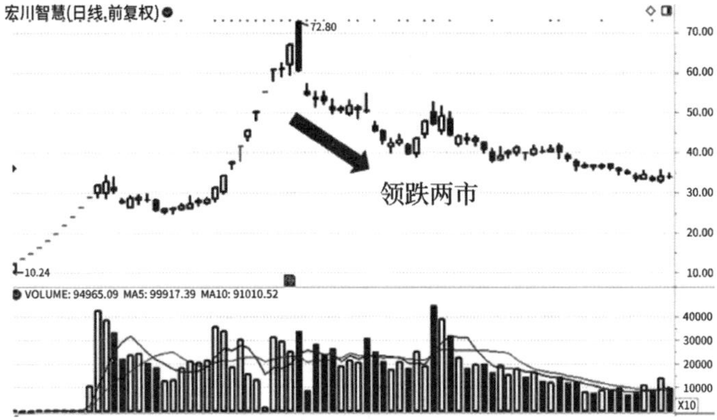


图 5　宏川智慧 2018 年部分走势图

其三，题材逻辑被证伪时。

当逻辑没有被证实，或者突然被证伪时，龙头也会由暴涨转为暴跌。所谓的逻辑，就是龙头因何而涨：因为业绩预增？还是因为新产品新技术？还是因为某个事件甚至某个概念？如果这个“因”突然没有了，被证伪了，那么股价就会由暴涨转为暴跌，这种风险不可不防。

所以，我们参与龙头股炒作时，一定要注意炒作的“因”不要太“硬”，太硬容易被证伪；要炒那种比较朦胧的“因”。另外要高度留意上市公司的公告信息，一旦出现逻辑被证伪的迹象，必须第一时间抢先出货。

其四，遇到龙头杀时。

什么叫龙头杀？就是一个龙头在高位的时候，如果突然遇到另外一个崭新的且级别更大、更刺激的题材所带来的新龙头时，新龙头就会把市场的人气和资金吸引过来，此时原本的龙头就要注意防备暴跌风险。

黄巢有首诗是这样写的：

待到秋来九月八，我花开后百花杀。

冲天香阵透长安，满城尽带黄金甲。

龙头杀的逻辑跟这首诗类似，新的龙头产生时，市场喜新厌旧，旧龙头有立即崩溃的风险，应该做好撤离的准备。如果再抱着强者恒强的想法守着明日黄花的话，可能要品尝领跌的滋味。

这种逻辑非常容易理解，市场上活跃的资金就那么多，一旦市场发现一个新的更大的热点，就会奔逐而去，没有谁还在旧热点上玩，旧热点上的无论是龙二还是龙大，都面临资金被抽离风险。比如，雄安新区规划方案一出，所有的资金都聚焦在雄安概念股上，没有谁再理会昨天谁是龙头，遑论上周谁是龙头。

一旦新龙头产生，它就具有强大的虹吸效应，资金会蜂拥奔向它以及它所代表的板块，旧有龙头就出现真空。这种逻辑，任你技术分析水平再高，也提前看不出来，只能从龙头的逻辑去领会。

其五，遇到强烈监管时。

罗杰斯说过，市场过热时，往往不理会政府的调控，但是，如果政府反复调控就要小心了。2017 年区块链就遇到这一幕。彼时，自媒体上关于区块链的讨论如火如荼，而知名投资人徐小平的微信截图又被广为传播，区块链个股跟风炒作，但是政府强制打压这种概念炒作，最后区块链个股由暴涨转为暴跌。

图6和图7，是区块链板块炒作时候的两个典型的龙头，一个是一字龙头，一个是换手龙头，也可以说前者是龙大，后者是龙二。特别是前者，当时受到管理层的强烈监管，

又是停牌，又是公告，管理层三令五申，结果一个个领涨股活生生地变成了领跌股。

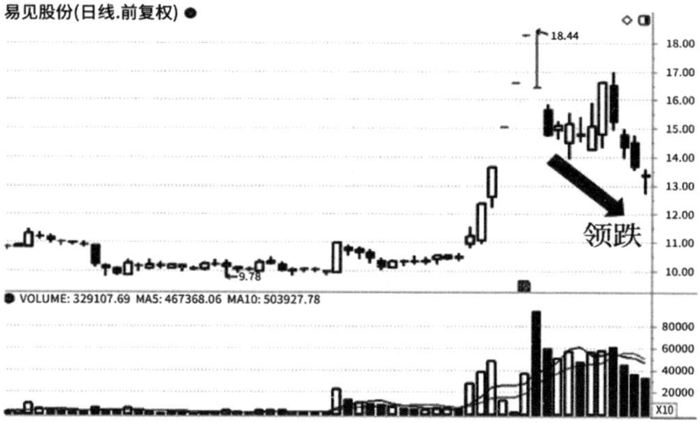


图 6 易见股份 2017—2018 年部分走势图

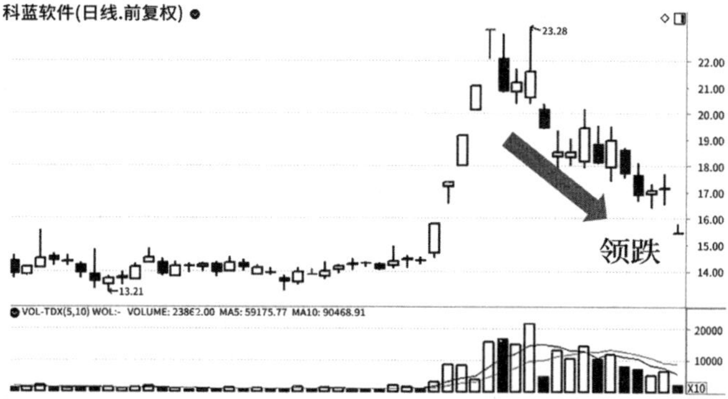


图 7 科蓝软件 2017—2018 年部分走势图

这个规律有时候没有那么强，管理层的强烈监管有时候也不能让龙头股领跌，甚至有越监管越涨的现象。但，凡是遇到管理层的强烈监管，我们必须高度警惕领涨变领跌的风险。万一风险来临呢？此时盘口知识可以帮上大忙。

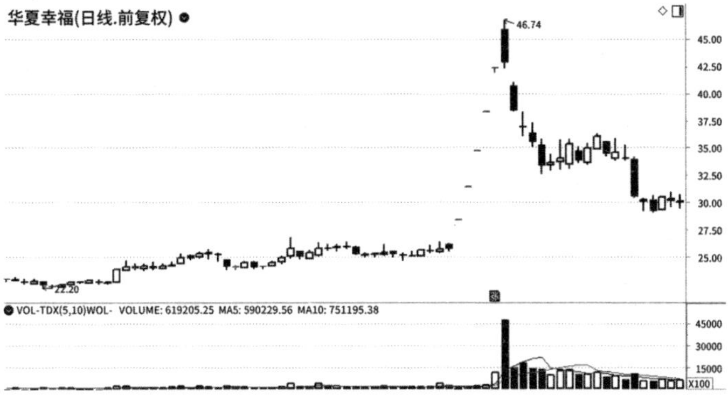

图 8 华夏幸福 2017 年部分走势图

监管让暴涨变暴跌最典型的例子就是雄安概念股。当时政府三令五申，反复停牌，甚至集体停牌来限制股价炒作，后来终于让雄安概念股由暴涨变成暴跌。

综上，龙头有领涨的一面，也有领跌的一面。但，对于大多数人来说，领涨的一面容易记住，领跌的一面不容易记住。为什么？其一，领涨的一面过于突出和耀眼，容易在人的大脑中留下深刻的记忆；其二，领跌的一面不是普遍规律，这个需要详细说一下。

领跌有两个意思：一个是跌幅巨大，一泻千里，在两市跌幅榜上名列前茅；还有一个就是它的下跌会传染给大盘或者同板块，让别人也跟着跌。

领跌是龙头的风险，但它不是龙头的必然性风险。有的龙头暴涨后就不领跌，往往是选择横盘，然后接着上涨，或者缓缓调整；只有部分龙头股，或者在某种特殊情况下，比如我们在上面讨论的情况下，才出现领跌。至于哪些类型的龙头领涨后会接着横盘上涨，甚至领涨后会休息一下继续领涨，哪类股票领涨后会反手进入领跌，我们暂且不论，在这里我们重点考虑领跌的那一面。为什么把领跌纳入风险呢？因为既然讲风控，就要考虑最坏的情况。我们说龙头领跌风险就是要考虑龙头衰竭后，突然向反方向运动。

因为龙头领跌现象不是它的必然现象和普遍规律，加上龙头领涨现象更耀眼，所以在很多人印象里，龙头都是凤舞九天，都是领涨和暴利的善茬。事实上，这是认识的误区。我们必须时时刻刻提防龙头领跌的风险。很多人在龙头股上大起大落，大赚大赔，就是没有意识到，龙头同时具有领跌属性，只是这种属性不发作则已，一发作就吞噬天地，天崩地裂。

## “核按钮”

这个风险也叫不容错风险，在当下的A股中，显得比较特别。

“核按钮”并不是指原子弹那个核按钮，而是最近两年在龙头股炒作圈子里流行的一个词，大概意思是，一旦发现某个股票不是龙头股或者龙头领涨失败，第二天以集合竞价挂跌停板卖出。由于很多人都按跌停板的价格卖出，那么就会让某个股票的开盘价以跌停板的价格或者接近跌停板价格开盘，这就让买入该股的人不但要遭受当天的亏损，还要遭受第二天大幅低开的巨大心理压力和账面亏损。还有一种核按钮更残酷，就是把一个涨停板的股票直接砸到跌停板附近，或者直接砸到跌停板上，第二天再大幅低开。

任何投资方法都会出现失手，都会有失误，关键是做错的时候，损失的代价有多大。以前做龙头的时候，一旦错了，损失的代价并不大，第二天可以从容地止损出来。但是今天，因为互联网的传播效应，很多方法高度同质化，而众多的普通投资者又缺乏独立思考能力，一旦股票出了问题，容易激发一大拨人以集合竞价挂跌停的方式来出货，也就是用核按钮的方式来出货，这让龙头变得比以前风险更大。

核按钮的出现，让龙头的容错机制降到历史最低。大家可以算一算，如果拿 100 万元来投资，假设全仓一只股票进出，如果你连续——不，不需要连续，哪怕是间隔性地遭受三次核按钮，就有可能把这 100 万元包括你赚的所有钱统统糟蹋干净。这是很可怕的。

核按钮风险应该是今后重点防范的。请看图 9 和图 10。

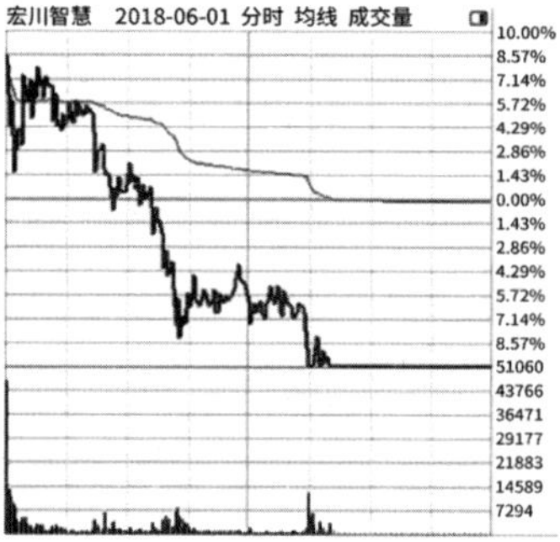


图 9 宏川智慧在遭受核按钮前后的分时图

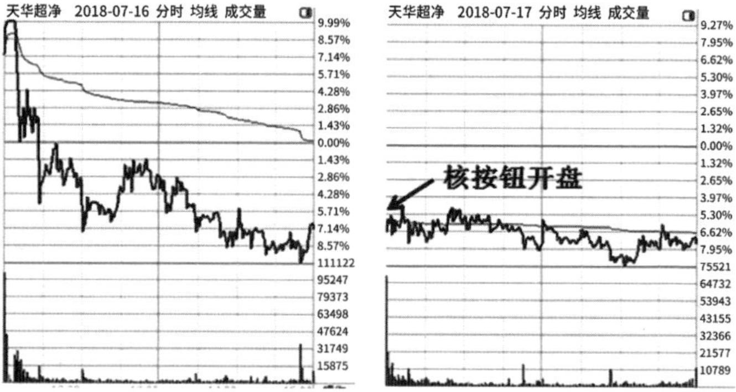


图 10 天华超净 2018 年在遭受核按钮前后的分时图

上面两个分别是宏川智慧和天华超净，我们从图上可以看得很清楚，对于前一天介入的人，特别是早盘介入的人，当天遭受了巨大的损失，且第二天集合竞价又巨幅低开，两日回撤几乎接近 30%。不论你的财富多大，你能经受住几个 30% 的回撤?

对于做黑马龙头的人，特别是那种没有风险意识的人，如果踏错节奏，市场几乎是不会容你的。也可以说，市场在某种程度上对龙头战法提出了历史上最苛刻的要求。

行文至此，不得不多写几句。核按钮的本质是同质化做法太多，缺乏独立思考的人太多。如果能让自己的交易避免同质化，核按钮问题就解决了一大半。即使都是龙头战法，也不意味着同质化，因为龙头战法内部也细分为很多流派，如果我们能够在先手上做足功课，核按钮基本上和我们没有关系。

另外，我发现，核按钮的出现，往往在一些特殊的位置和市场环境，如果对这些位置和市场环境加以回避，也可以避免核按钮。

其实，核按钮来得突然，也许某一天会消失得也突然。因为热衷核按钮的那批人，迟早会被市场淘汰，剩下的都是独立思考的差异化交易者。随着这支大军的壮大，核按钮也许某一天就不成问题了。

## 高处不胜寒：天然性风险

龙头无论再怎么讲技巧，等它显龙性的时候，股价都已经有点“高”了。

我们在上文讨论的时候也提到过，龙头的定义会部分涉及“结果”，也就是说，既然你定义某个股票是龙头，出现龙头迹象，至少该股已经具有一定的涨幅，只是没有涨够而已。既然已经有一定的涨幅，那么换句话来说，龙头天然就具有相对高的属性。

高，是龙头永远无法回避的话题。我们上文还专门提到这个问题，后面行文还会反复提到这个问题。在本书中，你会发现我们关于这个问题的认知是“矛盾”的：有时候喜欢高，有时候讨厌高；有时候认可高，有时候防范高。也许我语言表达能力有限，无法把其中的门道彻底说明白，大家只能去感悟。

这样吧，我先给大家讲一个故事。史玉柱作为一位知名的企业家，他的性格也成了很多人喜欢讨论的话题。众所周知，史玉柱第一次创业因为珠海巨人大厦而失败，后来有媒体从史玉柱性格上找原因，说是史玉柱胆子太大，赌性也大；多年后史玉柱东山再起，凭借脑白金再次闻名天下。当史玉柱再次成功地站在众人面前的时候，有人又去分析史玉柱的性格了，说法更是莫衷一是。

我也很关心这个话题。在一个视频中，记者专门采访史玉柱和他身边的人，问了他们很多问题，其中有两个问题对比很鲜明。

史玉柱团队里有个顶梁柱式的人物，叫刘伟，她在史玉柱跌宕起伏的事业中，对史玉柱帮助极大。她是跟随史玉柱一起打拼天下的元老，按理，她是最了解史玉柱的。但是，当记者提出问题的时候，史玉柱和刘伟的回答完全相反。

记者问：他（指史玉柱）胆大吗？

刘伟回答：忒大！

镜头又切换到史玉柱那里，记者同样的问题问史玉柱：你胆大吗？

史玉柱：我很胆小。

为什么史玉柱和刘伟的回答完全相反？

我相信他们都没有撒谎，都是非常诚恳的回答。

之所以回答完全相反，是站的角度不一样。刘伟的逻辑是，从巨人汉卡、巨人大厦，到做脑白金，做网络游戏，甚至大手笔投资民生银行，那么大的投资，往往飞速决策，说干就干，胆不大能干出这样的事吗？史玉柱不还有个“史大胆”外号吗？而史玉柱呢，他自从经历了第一次创业失败后，就变得非常老辣，凡是想不明白的事情，他绝不干。我看过很多版本的史玉柱传记，也看过很多篇史玉柱的专访，史玉柱有钱后，并不是四处扩张，而是很保守。很多项目和投资，他宁可错过也绝不做错。史玉柱心想，这不是胆小是什么。特别是史玉柱把自己与其他企业家相比时，有的人还没有搞明白某个行业，一听赚钱，马上就干，甚至举债来干，而史玉柱手里握着现金未必会去干，与这些人比起来，史玉柱说自己胆小，当然再正确不过了。

看到没有，胆大还是胆小，关键是看你怎么看，从哪个角度看。如果从做小事的眼光来看，史玉柱是胆大，太胆大了；如果是站在干更大事业的角度上来看，他还嫌自己胆小了呢。

讲这个故事，其实是为了更好地说明“高”这个问题。我反对追高，是反对超越自己把控范围的高；我有时候又热衷追“高”的股票，是因为这个高说明它强，并且是在我可以把控范围之内的高。

就拿龙头来说，既然能确定是龙头，至少是小荷已露尖尖角，通常情况下是春来它已先开口，在 K 线形态和股价上，已经与其他股票拉开距离。

如果此时的股价“已经暴涨”，能够证明它是领导者，是强者，那么这种高就是可以把控的高，是受欢迎的高，我们可以实施“半渡而击”策略；如果这种高只是徒有其表，与其价值稀缺性和板块效应不相匹配，那么这种高，就是虚高，就是风险，拔一毛买之而不为也。

问题是，对于很多人来说，难以区分“高”与“强”，也难以区分是“领涨的高”还是“虚高”，这就产生了巨大的风险。这种风险就是高处的天然性风险。

无论如何，“高”总带着一丝风险。因为股票的本质，从短线来看，是一个筹码的博弈。能够低位拿到筹码总比高位再拿筹码占优势。如果你坚守龙头理念，就必然会去高位拿筹码，那么这种做法天然就带有风险性。问题是，如果你不这样做，你也不是龙头战法。

所以，龙头战法天然是高空作业。

## 稀缺性风险

龙头股其实是稀缺品种，天然高贵稀缺。每天涨停和暴涨的股票很多，但是能够成长为龙头股的，严格意义上来说是很少的。也就是说，龙头股本身是小概率事件，非龙头股是大概率事件。

回顾每一年，真正意义上的龙头股也就是那么些，而每天备选的龙头股却很多只，也就是说，真正意义上能够从我们备选股票中走出来的龙头股，非常稀少。

稀缺怎么成了风险了呢？因为试错成本高，试错频率高。

龙头战法是从领涨的股票中去选，而领涨一旦落空，就容易形成扑空，很多种情况下会为追高付出代价，形成补跌风险。

其实这个风险也叫错追风险，这是试错的代价。只是这个代价在充满“核按钮”的 A 股中有些大。

## 逆天风险

任何一个做龙头股的人，或者自诩为龙头信仰者，都无形中会有一种艺高人胆大的幻觉，这种幻觉在龙头苗头出现的时候，往往飞蛾扑火，不如此不足以证明龙头信仰。但此时，可能面临一个重大的风险：逆天。

什么叫逆天？就是大盘并不好，市场并不支持。

或者这样说，龙头战法者常常会面临一对矛盾——龙头与大盘。有时候龙头出现，但是大盘并不配合。这种情况下，要么龙头救大盘，龙头以自身的上涨引领行情周期的到来；要么大盘把龙头或准龙头带到沟里去。

我曾经提出用赚钱效应来解决这对矛盾。现在市场上也有一种声音，主张用情绪周期来解决这对矛盾。从理论上来说，这两个解决方案都可以。但现实世界中，无论赚钱效应还是情绪周期，都可能是“市场结果”的一部分，很多时候并不存在行情好了、来龙头了，我再来做。大多数情况是行情好坏与龙头的出现交织叠加。比如，市场极差，或者由好转差中，往往出现一个大级别题材和大级别龙头；市场好转了，龙头往往一字板买不到了。要做到妙到毫巅的无缝连接，非顶级高手，难以实现。

于是，我们常见到的情况是，龙头在“逆天”的时候出现，如果我们做，也就有了“逆天”的风险；如果“顺天”，也许龙头你已经买不到了，或者已经很高很高了。

A 股是典型的熊长牛短。龙头虽然在一定程度上能够扩大使用范围，但是如果总在熊市中用龙头战法，往往也容易得不偿失。对市场的敬畏，对熊市的尊重，不因你是龙头战法而改变。

其实，从投资的大格局上来讲，根本性原则就是那么几条，关键是应该深化对其背后逻辑的理解并身体力行。其中，有一个原则我认为是亘古不变的，那就是：市场好，牛市，积极做股票；市场差，熊市，空仓休息。这个原则不因你懂得的技术多寡和战法多么先进而改变。正如《孟子》有言："虽有智慧，不如乘势；虽有镃镇，不如待时。"但很多持龙头战法的人，总以为自己的龙头战法先进得无与伦比，可以超越牛熊，超越市场好坏。这本质上就是违背投资的根本原则，就是逆天而为。这段话，不仅是说给读者听，也是告诫我自己，永远不要逆天而为。

## 同质化风险

随着互联网的普及，特别是移动互联网的普及，微信和微博的传播效应让交易模式迅速同质化。龙头股是市场上最亮丽的一道风景线，龙头股的暴利也吸引着无数媒体的追踪报道，更吸引无数投资者加入其中，关于龙头如何如何好的传言不胫而走。我们回顾几年前关于股市的文章，大家谈的多是指标、波浪、形态、跟庄、均线等等；现在，你再打开股市文章，到处都是关于龙头的。关于如何抓龙头的技巧和方法，更是铺天盖地，使龙头的交易高度透明化和同质化。

同质化一个最坏的结果就是交易过于一致，看多容易出现一致性，看空也容易出现一致性。当一致看多时，明明你知道谁是龙头，你也无从下手，因为很多人同时去买，让目标股连续一字板，失去任何交易机会。看得懂，却买不到。当一致看空时，或者遇到风险时，龙头股需要出货，很多人的一致行动让股票在跌停板出货，甚至连续跌停板出货。这些都会导致实战结果大起大落。

2018 年 11 月份，科创板题材横空出世，彼时，市场都认识到了科创板是个重大事件，很多上市公司将从中受益，大家认为龙头应该是市北高新。图 11 是市北高新的基本走势图。但，过于一致性的预期，让该股连续一字涨停板；当其风险高时，大家又连续一字板挂跌停单卖出。这是一个典型的交易一致性行为导致的风险。

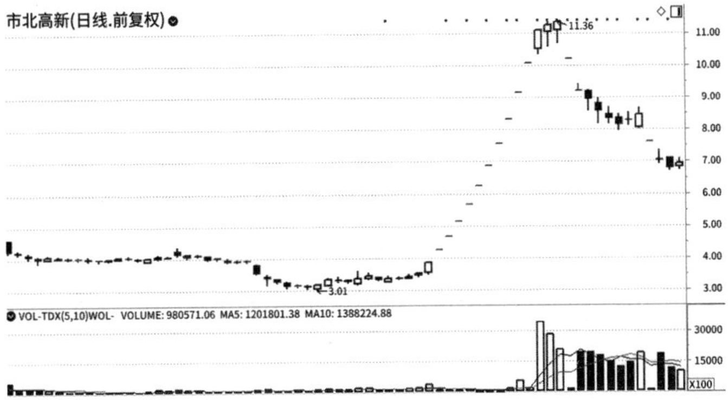


图 11　市北高新 2018 年在过于一致性的风险下，大涨大跌

当然，这个案例比较极端，但这类现象非常普遍。比

较常见的不是一字板，而是在涨停板附近开盘。当大家预期某个股可能是龙头的时候，第二天它的开盘价在涨停板附近，这个时候也是一种非常不好的现象。因为一旦出错，买入成本太高，蕴含了很大的试错性风险。这其实就是同质化风险的具体表现。这在 A 股市场上非常常见。

本是同根生，相煎何太急？当方法同质化时，同类相残，斯可痛也！

## 攀比乱心风险

攀比是一种特殊的风险。按理，这是一种人性风险，不是龙头战法所特有的，但龙头战法中，这种风险更加明显。

作为龙头战法的启蒙者和布道者，我曾经出版过关于龙头股的畅销书。这个特殊的因缘，让我很有可能成为国内接触龙头战法最多的人，我对践行龙头股战法这个群体也了解比较深。根据我的观察，龙头战法的实践者，其攀比之心，比其他投资方法的实践者更重。

龙头本身就是在攀比中产生的，没有攀比，没有比较，你就无法知道哪个股强，也无法确定谁是龙头。龙头战法者的基因里，天然就具有攀比因子。龙头股是领涨者，做龙头股的人，都希望自己是执牛耳之人。此心门一开，必然攀比成风。

攀比不是错，但攀比容易带来内心的“乱”。如果是顶级高手，历尽沧桑，看惯牛熊，能守得住寂寞，耐得住空仓，能舍能得，内心像湖面一样平静，此心不动，随机而动。这样的人，是没有乱心风险的。但是，对龙头战法领悟不深者，恨不得抓住每一个龙头，不如此，就不是龙头信仰者；不如此，就不能证明自己水平高。这种人，其内心之惶恐，其交易之乱，其攀比之心，远远超过其他投资风格的人。我曾经遇到很多人，每当出现一只龙头股，他们就问：你买到了吗？如果没有买到，他们就说：你怎么没有龙头信仰？还有一些所谓的龙头战法者，他们总结自己的心法时，写道：龙头出现时，宁可做错，不可错过。还有一些人更让我啼笑皆非，他们曾发微信给我：彭总，买一只龙头股，有很多个原因；但是错过一只龙头股，只有一个原因，那就是没买。言下之意，错过，就是你没有看懂；你没有买，就是不合格的龙头战法者。这种心态必然带来巨大的交易风险。

错过就错过了，失去未必就是失去。股票很多，机会是无限的，为什么非要去攀比？非要抓住每一只股票？没有任何一只股票好到不能错过，无论它叫黑马股还是龙头股。

巴菲特、索罗斯、彼得·林奇，都曾错过很多股票，我们凭什么就要贪多求全？

以上，就是我对龙头战法风险的思考，当然龙头战法在实践中的风险远非这些，这里只总结了主要风险。希望大家能够从骨髓里认识到，龙头虽然是个美妙的词，但它并不必然就等于简单好学，更不必然等于比其他投资方法更容易赚钱，做龙头并不像你想象的那么美好。龙头战法天然带有很多风险，如果认识不到这些风险，所谓的风控，就是一句空话。

通往天堂的路同样通往地狱，这句话在龙头战法领域，比在其他领域更加真实和贴切。

为什么把风险写得这么狠，这么吓人？

因为正视风险，才能控制风险；认知风险，才能谈得上风控。更因为，在我的投资哲学里，忧患意识永远是第一位的。

那么，因为龙头战法有风险就放弃它吗？因为龙头战法有风险就怀疑它失效了吗？

非也！

给车安上刹车装置和安全带，不是怀疑它，而是要开它。

正视事物的风险和否定事物是两回事。一个东西有价值才值得我们去研究其风险，正视其难处。没有价值的东西，研究其风险一文不值。正是因为龙头有巨大的魅力，我才去探索其风险世界，进而踏入其价值世界。

从现实世界来看，要领略任何一个领域的顶级风采，都带有先天性风险，也都具有小概率性。龙头天生有风险并不意味着我们就应该放弃它，恰恰相反，正是因为龙头的风险特殊、门槛高，一旦我们掌握了其中的精髓，就可以把别人远远甩开。没有难度的事情是没有意义的，没有挑战的事业也没有任何价值。龙头战法的巨大价值在于一旦应用得当，它将是最有魅力的战法，也是最暴利的战法。

上面阐述的龙头战法的风险，有的并非是龙头战法固有的风险，而是对龙头战法认知不足引起的，或者说是打着龙头战法口号的伪龙头战法的风险。如果把龙头的定义彻底搞明白了，就可以化解上述很多风险。之所以把这些放在一起去反思和剖析，是因为忧患意识让我思考问题时总是把最坏的一面放在前面。而且，我有意无意中，成了龙头战法的宣传者、布道者。我深知广大读者和受众，会有一个经历伪龙头战法、半龙头战法、杂毛战法，最后才能成为至善至纯、正信正念的龙头战法者的过程。我尽量让龙头为这个过程中所有的不成熟揽过，尽量把风险说够、说透。

孔子说过："可与言而不与之言，失人；不可与言而与之言，失言。"对我来说，我认为所有的读者都是我可与之言的人，否则，我也不会重新写一本关于龙头股的书。我最担心的是对读者形成误导，在写书之前我就告诫自己，哪怕什么内容都不写，风险一定要先写，这是必须要"与之言"的内容。只有把这部分内容写好了，我才能安心写下去。

# 5

# 龙头信仰

信仰是“术”化为“道”的根本，是任何一门技艺从入门达到顶级的根本。

有人可能会说，我就是投资，就是炒个股票，为什么非要逼着我到顶级？

我有一个书法家朋友，他既玩艺术也做股票。有一天他突然感慨道：在 A 股做投资，和书画圈一样，只有做到顶级才有饭吃，否则生计都成问题。无数的书画家，翰墨因缘，烟云供养，到头来有几人能够以此为职业？举目华夏历史几千年，寥寥无几。股票投资虽然说及格就可以，但是自从有 A 股以来，真正能够赚到钱并以此为唯一职业的，几乎跟书画圈一样稀少。所以，在股票投资领域，只有达到顶级境界才意味着及格，只有顶级才能生存。正因如此，很多没有做过股票的人问我要不要炒股，我都劝他们不要炒股。

如果只满足做一个匠，一个合格的能工巧匠，仅仅拥有“术”就够了。但要做一个顶级的人，必须有“道”，以道御术。凡是升华到道的层面，无不需要“心法”的加持，也即信仰的力量。

当然，这里所说的“信仰”，不是宗教信仰，而是对某种逻辑和内在规律的彻底通晓，在感性上形成条件反射式的直觉信任，在理性上经过千锤百炼的更相问难后的大彻大悟，并最终对某种事物产生超越短期得失和功利诉求的起心动念和价值坚守。

简单说，信仰就是彻底心领神会，发自内心地相信它。这种相信是超越短期物质得失的，不因暂时的困难和短期的几次伤害就怀疑它，在实践中形成条件反射式的亲近感，这种境界才是信仰。

我理解的信仰，并不是口号和盲从，必须明白以下几点：

首先，信仰必须要闪耀着理性的光芒。我们必须明白所信之物的内在逻辑和根本规律，对它的优点和缺点彻底通晓；辨之愈久，通之愈明，信之愈深。这点和盲从有根本的区别。一件事，你没有搞明白它，你无法理解它，是谈不上信仰的。

其次，信仰必须超越短期性，必须跳出小周期。很多人找到一种方法，赚钱了就相信它，不赚钱就骂它，这种人是不配谈信仰的。信仰追求的是长期稳定性和多次的大概率，而不是单次或短期有效性。我们之所以冠以“信仰”一词，就是要对它有超越时间和超越一城一地之得失的信任和坚守。

最后，信仰必须最终化为感性的条件反射，必须在交易的起心动念上体现其价值选择。从自己内心来说，一旦遇到符合交易的情景时，必须无条件做到——我相信！从外人的眼光看来，这是一个有风格、有取舍的人。

我在这里所谈的做龙头股需要正信正念，需要信仰加持，就是要表达一种思想：龙头战法必须有超越性，必须追求其根本逻辑。

我们口口声声谈龙头信仰，为什么要信仰它呢？因为我们看到了龙头独有的魅力，越去探索其内在的规律，就越打心眼儿里信任它。

龙头的魅力是什么？

答曰：在竞争中优势占尽，碾轧一切对手。进攻时，所向披靡；防守时，固若金汤。它是博弈中攻守合一的完美选手。

龙头的根本规律是什么？

答曰：强者恒强。拥有第一比做得好更重要，占据老大位置就是最佳的策略。

龙头战法的根本信仰是什么？

答曰：与最强的事物拥抱与融合，要么成为第一，要么拥抱第一。

龙头，在一个国家，就是国王；在一个行业，就是实力最强的领头羊类企业；在一个单位，就是一把手；在体育竞赛上，就是冠军；在影视剧中，就是第一主角；在纷繁复杂的事物中，就是主要矛盾。不同领域的龙头呈现的形式可能不一样，但其根本属性是一样的，那就是——第一性。只要是第一性的事物，无论它以什么形式存在，无论在哪个领域，我们都叫它龙头。

为什么要信仰龙头？根本原因就是，做龙头比做得好更重要。这个世界上的万事万物，都在遵守龙头规律，强者恒强。

比如，在我们生活中，举目能够看到的事物中，什么最强？太阳！我们吃的所有食物，如果没有太阳，就无法生长。蔬菜水果如此，大米小麦也是如此；猪、牛、羊、鸡、鸭、鹅等离开太阳也无法生长；我们用的煤炭、石油以及其他能源，如果仔细追溯，源头也离不开太阳；我们穿的衣服，用的笔、手机、电脑，制造这些产品所用的材料如果没有太阳的参与，也是不可想象的；我们人类即使不需要这些东西，甚至不吃饭，不工作，天天睡大觉，如果离开太阳，也是无法生存的，因为我们要呼吸，离开太阳，离开光合作用，哪里来的氧气？所以，万物生长靠太阳。记得小的时候，一到冬天就寒风凛冽，经常雨雪交加，特别冷，但是只要一出太阳，内心就是暖的，心里就是舒服的；如果不出太阳，哪怕气温不低，心里也是郁闷、阴冷的。太阳对我们不但有生理的影响，更有心理的影响。为什么那么多家庭都喜欢买朝南的房子？同样格局的商品房，南向就比北向贵很多，还不是因为太阳？正因如此，在不同国家、不同宗教、不同种族之中，都存在着形形色色的太阳崇拜和太阳文化。

怎么聊股票突然聊到太阳了？因为在我能接触的已知世界中，太阳就是龙头，就是最强的事物。通过这个事物，我们可以思考很多东西。

做投资，要有发散类比思维。《易经・系辞下传》中有这样一句话："古者庖牺氏之王天下也，仰则观象于天，俯则观法于地，观鸟兽之文与地之宜，近取诸身，远取诸物，于是始作八卦，以通神明之德，以类万物之情。”在投资上，深度的思考离不开远取诸物，更离不开类比万物之情。世间的一切学问，往深处追求，都会有互相借鉴和共通之处。龙头战法，归根到底，就是对最强事物规律的总结。而太阳作为整个太阳系我们能感知到的最强事物，怎么可以不在我们的思考范围呢？

我为什么那么推崇龙头战法？就是因为我从世间各个领域的第一性事物的研究中发现，越是龙头的东西，越值得信赖。

在股票投资领域，最大的奢侈就是确定性。怎么去寻找确定性？怎么能让我们信赖手中的股票？我发现答案往往不在股票本身，而在对所有事物的观察中。比如我观察到，世间什么事物最确定、最值得信赖？那就是太阳。大家仔细想想，太阳是不是最恒定的？它几点出来几点落下，它在什么季节会有什么变化，它在几点会给我们什么感觉，从来都是有一定规律的。无论发生多么异常的天气，比如下多大的雨，天空乌云密布成什么样子，我们从来都不怀疑太阳一定会战胜它们，重来人间。太阳是最稳定，最有规律的事物，也最不会背叛我们。

在这种观察和思考中，我突然悟出一个道理：最强的事物，与最确定性的事物，天然是合二为一的。或者说，如果我们要求得到最大的确定性，那就去最强的事物那里求。这个惊人的发现，不就正好可以解决投资世界里最大的难题吗？

龙头的确定性和规律性是最强的，龙头给人的安全性和稳定性远远超过其他。

龙头不但稳定，而且一旦斗争起来，又占据优势。

比如，在企业竞争领域，一个企业如果占据行业第一的位置，那么这个企业就能够享受很多年的龙头红利。特别是在互联网和人工智能时代，管理效率大幅提高，第一性的企业往往碾轧一切。记得有人提出一个竞争规律，那就是：老二，非死不可。言下之意，做老大是最佳的生存策略。很多顶级大佬的投资哲学，包括巴菲特，虽然没有明确说自己是龙头策略，但他们选择的企业确实是第一强的企业，暗合了龙头思维。有人说成长性高的企业才好，但出问题的也往往是打着成长性口号的企业。综合安全性、稳定性和收益性，第一强的企业依然是首选和最佳策略。一句话：龙头攻守合一。

在体育和艺术领域也是一样的。在奥运会上，第一名和第二名往往就差那么一头发丝，但是一旦夺得第一名，冠军光环加持，赛后可以获得的资源是第二名的若干倍，仅仅广告费就赢家通吃。第一会得到额外多的注意力。比如，天下三大行书，提起第一名，哪怕是不懂得书法的人也都知道，那就是王羲之的《兰亭序》，至于第二名《祭侄文稿》和第三名《寒食帖》，知道的人就远远不如《兰亭序》多了，虽然它们出自大名鼎鼎的颜真卿和苏东坡之手。艺术品第一和第二之间，拍卖价格悬殊。《兰亭序》据说在武则天墓中，如果说有一天武则天墓被打开，取出《兰亭序》，其拍卖价格，应该是举世天价。第一性就是这样占据人们的内心，进而占据各种有利资源的。

历来，人们更倾向于给予第一性非常高的关注，让第一性事物在竞争中获得远远超过它自身应得的收获。第一性，是一个让人细思极恐、进而细思极宠的东西。这种特征在股票投资领域表现得更加淋漓尽致。率先涨停的股票，比第二第三个涨停的股票拥有更高的关注度；涨幅最大的股票不但不是最大风险的股票，相反，它可能是未来最能涨的股票。这一切，就是第一性。

正因如此，无论哪个领域历来都对龙头极度重视。可以这样说，对龙头怎么重视都不为过，对第一性事物应该投入我们最大的注意力资源和行动力资源。在中医领域，任何一个大家开处方，首先重视的是君药，其次才是臣药和佐使。我们看中医开小柴胡汤，总是先写柴胡；开麻黄汤，总是先写麻黄；开乌梅丸，总是先写乌梅；开附子泻心汤，总是先写附子。因为君药是第一性的事物。外交领域更是如此，任何一个使臣，出使他国，无不想见到对方的国君；任何活动，如果君王能够亲临，该活动的规格就会提高；众多名流，也都费尽心思想见君王元首一面，如果能合影一张，那将是终生的荣耀。古往今来，概莫如此。龙头天生就具有神圣的地位。我们在商业活动中，最好的谈判策略是直接找到一把手谈。如果一把手赞同某个合作，答应某个合同，那么合作的希望就有一大半。龙头，就是这样超然于其他事物之上。这就是龙头的内在规律，在任何领域都一样。对这个龙头现象和龙头规律体会越深，内心越会对龙头产生信仰。见龙头即见如来！宗教的教主是那个宗教内最大的“龙头”。大家认真想想，是不是没有一个宗教徒是不想去见教主的？如果见不到教主，哪怕能见到教主身边的一件器物，也觉得无上荣耀。如果教主“升天”，那就匍匐在教主“升天的地方”，甚至朝拜一下教主的出生地、修道地和曾经生活的地方，也觉得无限心满意足，仿佛整个身心都被“开光”。这就是龙头的魅力！

很多人看不明白龙头规律，不理解第一性的伟大魅力，经常咋咋呼呼地讨论龙头战法是否失效。龙头规律在任何领域都天然正确，怎么可能在股票投资领域突然不正确了呢？

龙头战法的哲学基础植根于这个世界上所有第一性的事物中，植根于阳光的普照中，植根于宗教的故事里，植根于商战的逻辑里，更植根于人们的心智里。占据第一性，天然就比后来者拥有更大的优势，而且这种优势的持续性和规律性，又超然又无可挑战。

正是如此，我才谈龙头信仰。我从第一性的事物中看到一种最强大的规律，这种规律就是龙头最稳定，最有确定性，且其在变化的时候，最能把老大的优势发挥到极致。对这种规律越心领神会，越能体会到龙头战法之妙不可言。

那为什么有人质疑龙头战法呢？很简单，因为他质疑的压根儿不是龙头战法，而是那些挂着龙头旗号的伪龙头战法。真正的龙头战法应该是拥抱第一性事物，拥抱最强大事物，天生与最好的公司为伍，与最强大的趋势为伍，与最具有赚钱效应的行情为伍，与最具有人气的股票为伍，怎么可能失效？

那些质疑龙头战法的人，也许压根儿都没有明白龙头战法是怎么回事儿；而有些天天喊着龙头战法的人，也许他做的压根儿就不是真正的龙头类的股票。

本书的核心是倡导龙头股的信仰，这种信仰必须破执，破那些伪龙头认知之执。只有搞明白真正的龙头哲学，破除那些一知半解的龙头股认知，才能真正谈得上龙头战法，那种信仰才是真正的龙头股信仰，才是正信正念。

《大学》开篇第一句：“大学之道，在明明德，在亲民，在止于至善。”在明明德是什么意思？我比较认可一种解读，那就是真正至高的“道”，应该首先进行价值选择，即先寻找价值，然后再用“术”去与它匹配。如果没有价值选择，一开始就拥抱“术”，那“术”是不可穷尽的。

具体到龙头战法上，我认为今天A股中流行的那种龙头股战法，不是龙头战法的正朔和本质，只是技术分析或者某种坐庄换个马甲的说法。真正正信正念的龙头战法，应该先寻求价值归宿，然后再寻找具体的技术和战术去匹配它。而不是相反，先用技术分析，先看K线图，先去用指标，或者利用资金优势做个短庄，然后再去给它贴个龙头股标签。

龙头股战法最根本的应该是，也只能是与其他所有领域的龙头逻辑一样，首先确定要拥抱最强的事物，然后用“术”实现这种价值观。

举个最典型的例子，2017年10月份，我听很多做龙头的人说，市场上没有龙头股。真是大谬！当时贵州茅台正在引领白马股一路狂奔，茅台无论内在价值还是影响力，都是市场的绝对领导力量，这么明显的龙头股摆在面前，居然说市场没有龙头股?

真正的龙头股战法，其核心是理解什么是最强、什么是第一性事物、什么是领涨、什么是价值，其末技才是K线、指标、形态，至于卡位、弱转强、分歧转一致，更是雕虫小技。

真正的龙头战法，应该横穿A股、港股、美股，在任何一个市场上都能用，而不仅仅是在涨跌停板和T+1的A股上使用。真正的龙头战法，应该在期货市场能用，在艺术品投资市场能用，在收藏品投资市场能用，在企业股权投资市场能用，在一切博弈和斗争的领域都能用。如此，才是龙头的正道，才不枉“龙头”一词，也才配得上“信仰”一词。

试想，如果你以这种龙头价值观来看待股票，来投资第一性的股票，而不是从K线和形态的角度去看龙头，你还会去质疑龙头战法吗?当然，这里的核心就是如何定义龙头，这是龙头战法的命门。下面，我们就拨开重重迷雾，不被当下种种流行词所左右，正心诚意地来重新定义龙头。

# 6 重新定义龙头

什么是龙头？什么是龙头股？对其理解和定义，是一切之本。

之所以在这里重新定义龙头，是因为目前媒体和投资圈对龙头的主流定义，我不是很认可。我更对在 A 股群众中流行的龙头的含义严重不敢苟同。重新定义龙头还有一个原因，那就是，我认为本书前面所述的很多关于龙头股的风险，根本原因是对龙头的定义和认知不清造成的，没有理解龙头的真正内涵，对龙头的理解力不够。所以，在这里必须重新定义龙头。龙头战法需要破执，最需要破的执，就是龙头的定义。

我认为，龙头核心的定义是其内在价值性和外在影响力，其终极裁判是市场的认同感及其市场地位。

## 龙头要有价值加持

什么叫价值？价值来自价值观。在这里，我尽量照顾到每一种价值观，取得大家共同认可的价值。在投资界，大家共同认可的价值有以下几项：

1. 业绩，主要是内生性业绩，核心是产品涨价和销量增加；
2. 新技术，特别是能够影响公司未来发展的、被业界认可的、革命性的技术；
3. 新产品、新项目，能为公司带来新动力的产品和项目；
4. 政策，主要是国家政策、产业政策、行业政策；
5. 重大事件，这种事件影响到对公司未来的预期和判断；
6. 其他，比如周期性、行业预期、资产重组。

第一项业绩是根本，其他几项都是对业绩有预期和拿业绩说事才变得重要。业绩是价值之母，其他价值是业绩的衍生。上述价值归类中，业绩和新技术、新产品、新项目是硬的，我称之为硬价值，或者硬逻辑；后面的几项是软的，我称之为软价值，或者软逻辑。

需要说明的是，这几项价值字面理解起来很简单，但具体到股市实战中，灵活运用就没有那么容易了。比如，贵州茅台在 2017 年价量齐升，我们很容易理解为它有价值加持，因为价值投资派和经典经济学已经做过无数年这种逻辑的普及教育。恒立实业是不是有价值加持呢？这理解起来就没有那么容易了。恒立实业本来业绩非常差，按理是没有价值加持的，但在 2018 年 10 月份，因为壳资源的新政策让它突然有了价值加持。彼时，国家关于壳资源的新规，让市场对垃圾股和壳资源的预期有了新的变化。这种变化在某种程度上还是革命性的，因为闸门重开了，所以恒立实业是有价值加持的，是国家政策给它加持了。再比如中国中车有没有价值加持？因为"一带一路"倡议让它有了价值预期，从而有了价值加持。再比如三江购物有没有价值？因为阿里的入主，让它产生了新的估值，也有了价值加持。再比如蓝晓科技有没有价值？因为它于 2018 年 1 月份的公告中，说明了自己的新技术创新，突然就让市场对其有了重大价值预期，同样具备价值加持。

价值最终会靠上业绩，但价值并不简单地就是等于业绩。龙头战法对价值的认识是多元的，这让我们不同于简单的财务投资者和机械的基本面投资者。龙头战法不但认可事实价值，如业绩，也认可预期价值，如那些还没有实现但会让价值产生好的转变的事件和政策。我们既要认识到价值的不可或缺性，又要认识到价值的灵活性，不同的价值观赋予价值不同的类型。至于价值是否被高估，那是另外一回事，因为股市本来就是一个先透支后还债的地方，关键是我们要尊重多元价值观。

但无论怎么定义价值，无论多么尊重价值定义的多元性，都必须有价值背书，都不能离价值太远，龙头股不能脱离价值而单独存在。

当价值变成炒作的理由和噱头的时候，价值就被称为题材。当题材炙手可热的时候，也被称为热点。真正的龙头，不是无源之水无本之木，必须植根于一种价值，一种题材。只是，我对题材和热点的认知和其他人不一样。很多人提到的题材和热点，可能就是一种纯噱头，是股价炒作的遮羞布。我这里说的题材和热点，必须有价值背书。中文很伟大，但也容易产生歧义。我和很多人也许共用题材和热点这两个词，但是我们的所指不一样。我眼中的题材和热点，一定是大级别的，有的放矢的，而不是拿起鸡毛当令箭的盲目炒作。

因为这个逻辑难以彻底辨别清楚，那我就换个词来表达，这个词就是——级别。或者这样说，价值到底是什么先搁置不论，让我们先换个角度，从大小的角度来看问题。

既然是龙头，那天然就应该是大的事物。因为大级别的东西才是产生龙头的土壤，小级别的根本配不上龙头的称号。怎么识别级别大小呢？凡是具有革命性的、影响力巨大，或远超预期的价值和题材，就是大级别的。比如，互联网革命是大级别的，奥运会是大级别的，4 万亿计划是大级别的，供给侧改革是大级别的，新能源政策是大级别的，上海自贸区的设立是大级别的，雄安新区的成立是大级别的，科创板是大级别的，苹果公司生产出智能手机是大级别的，特斯拉新产品问世是大级别的，国家关于 5G 的布局是大级别的，腾讯微信问世是大级别的，方大炭素的石墨电极远超预期的涨价是大级别的，茅台产品提价和销量增加远远超预期是大级别的；而某公司股票每 10 股送 10 股是小级别的，某公司领导人上中央电视台是小级别的，某公司因出售一块地的获利是非内生性增长，所以是小级别的。

下面举几个龙头案例。

- 雄安新区的成立是大级别的事件，大家对其有大级别的预期，在此背景下诞生的冀东装备和创业环保可以说是大级别龙头。
- 方大炭素因为产品涨价，业绩超预期，也是大级别的龙头。

· 寒锐钴业受益于新能源，其主营业务产品价量齐升，且远远超过预期，是大级别的龙头。
· 韶钢松山业绩超预期，大级别龙头。
· 贵州茅台业绩超预期，大级别龙头。
· 泰禾集团董事长亲自说自己的业绩好，远超市场预期，大级别龙头。
· 贵州燃气，产品涨价，硬逻辑，大级别龙头。
· 万兴科技，独角兽大背景下的题材，大级别龙头。
· 华锋股份，中美贸易摩擦，中兴通讯芯片事件，这是2018年的大事件了。在这个背景诱因下产生的，当然是大级别龙头。
· 宏川智慧，石油和能源涨价背景下的大级别龙头。
· 罗牛山，海南自贸区和马彩，具有开天辟地性，当然是大级别龙头。
· 攀钢钒钛，业绩超预期，产品涨价，大级别龙头。
· 恒立实业，在壳资源新政背景下，具有新预期，大级别龙头。
· 弘业股份、鲁信创投，科创板，大事件，大级别龙头。

从以上案例我们可以看出，龙头要么价值大，要么价值预期大。

无大，何谈成龙头？

龙头战法应该拥抱大级别题材、拥抱大事件。为什么？因为龙头就是第一性的意思，不是大级别题材天然就配不上第一性，还怎么谈龙头？有人可能会问：很多暴涨的股也没有什么级别，它们难道不是龙头？

龙头是要能涨，是要接受市场的检验，但不是所有暴涨的股票都是龙头。龙头战法也不是一网打尽天下所有暴涨的股票。暴涨的股票背后的逻辑和缘由千奇百怪，有的是内部消息所致，有的是庄股所致，有的莫名其妙没有任何原因。龙头战法的逻辑无法解释和涵盖所有的暴涨股票，龙头战法更不需要对所有暴涨的股票负责。所谓的信仰，就是要有取舍，任何一个宗教徒都不是所有的神都去拜。龙头战法最忌讳的就是把所有暴涨的股票都当成龙头去拜。弱水三千，取一瓢饮。有价值的暴涨，才是龙头战法打击的范围。也就是说，真正的龙头应该是个窄门，应该有自己严格的取舍，而不是把龙头当成筐，谁涨得高就把谁往里面装。如此，才是真正的重新定义龙头。

A 股长期被浸淫在操纵和坐庄的环境里，远的不说，近的山东帮和温州帮，都在 A 股掀起过翻天巨浪。当山东帮势头正盛的时候，我就断言过它必然覆亡。当时的根本依据是：它选股不行，品位太低，其选股标的大多没有价值性。纵使它可以靠资金优势操纵一时，也必然会阴沟里翻船，因为其生态不可持续。即使证监会不查它，它的游戏最终也玩不下去。或者这样说，山东帮只有钱的信仰，没有价值的信仰。

“信仰”一词，越琢磨越有意思。很多喜欢做龙头股的人，都谈信仰，可一旦他们知道信仰的真正含义的时候，也许他们会放弃信仰，因为他们本质上是一群首鼠两端的人，不愿承担信仰的道义。信仰必须有取舍，必须是窄门，必须超越功利性。而那些见到股价上涨，不管其背后是否有大逻辑、大事件或者大价值，就想全部揽入怀中的人，他们是不配谈信仰的。真正的有信仰，应该是有所为，有所不为，坚守的是逻辑的一致性，而不是用简单的股价暴涨来定义龙头。

这样重新定义龙头，可能会让很多做流行龙头的人不舒服，因为这会让他们失去很多出手的机会。但是，A 股在前进，历史在发展，我相信未来龙头战法的真正秉持者，应该是朝着我指向的龙头方向前进的，而不是关起门来自娱自乐，把坐庄当龙头，把技术形态当价值信仰。龙头规律应该打破价值投资、趋势投资和超短套利的门阀之见，共同拥抱大事件、大价值，共同在第一性的原则上行事。如此，才是真正的龙头。

很多个日夜，我都会静下来品味“龙头”一词。这是一个多么高贵的词，它天生就应该被敬仰。提起龙头，在哪个领域不是香饽饽？不是天生万众期待？在股票市场上，配以“龙头”二字的龙头战法，同样应该具有王者风范，其路径应该越来越宽，其价值观应该越来越被别人认可。我本人是宣传龙头战法的，我非常担心把龙头战法宣传到沟里去了，更从骨子里反对把“仙股”和“垃圾股”的炒作当成龙头正道。在这里重新定义龙头，我把价值性放在第一位，就是重新澄清龙头最朴素、最本质的底色是价值驱动、价值导向，大事件和大级别才配得上龙头的“光明顶”之战，而不是偷鸡摸狗，更不是蜗牛角上争长短。龙头战法，应该给人以势大力沉、大道当然的气象，而不是一提起龙头战法，就被人误解为一群亡命之徒的玩命战法。没有价值加持、疯狂至死的做法，只会糟蹋龙头一词，侮辱龙头战法。在这里，价值加持就像定海神针一样重要。没有价值加持的炒作，叫妖股。有价值加持，才是龙头；有价值加持，龙头才有“皇气”。

## 龙头必须拥有对外影响力

什么叫对外影响力？就是龙头能够影响到大盘，能够影响到其他股票。这种影响是双面的，既领涨也领跌。在A股市场，对普通的投资者来说只有做多才能挣钱，所以我这里重点分析领涨的情况。

领涨一词，字面含义很简单，但其背后的乾坤并不简单。

第一，领涨的核心是“涨”，“领”是修饰“涨”的。一只股票要想充当龙头，必须是正在上涨的股票，如果连涨都不涨，何来龙头之说？我们身边肯定有很多人总是觉得自己选的股票非常好，价值也大，题材很炫，但就是不涨，这叫我执。连涨都不能涨，无论价值有多么大，都不能定义为龙头。龙头战法不是潜伏战法，它是在上涨的股票中寻找领“涨”的，而不是在不涨的股票中潜伏你认为可能涨的。仅仅涨还不够，还必须做到“领”涨。同样一个行业和属性，如果有人比你涨得更好，哪怕你能涨，也不是龙头。龙头必须是领头羊，是前排涨得最快的那只股票。

第二，领涨是相对独涨而言。你见过哪个领域的龙头是一个人独来独往？哪个龙头不是前呼后拥，一呼百应？龙头的领涨，必须能带动一片股票，带动的越多越好。如果不能带动，仅仅是独行侠，那不叫龙头，那叫自了汉。这个概念，通俗地讲就是板块效应，龙头必须具有板块效应，必须有跟风的，有小弟。比如，2015 年中国中车的上涨，带动了中铁二局、中国中铁、中国交建等股票上涨，如此才配做龙头；再比如，2017 年，贵州茅台上涨，带动了五粮液、中国平安、格力电器、美的集团、海康威视等一大批价值白马上涨，如此贵州茅台才能荣膺龙头。

第三，领涨的最高境界是领着大盘涨。在龙头的世界里，是龙头救大盘，而不是大盘救龙头。大盘回暖了，大盘已经进攻了，你再涨，很难成为龙头。往往是一个龙头股一马当先地上涨，带领同属性的股票上涨，然后大盘才开始进攻。

第四，领涨的最大魔力还在于路径和逻辑领涨。一只领涨股出现后，不但能带动同板块股票，还能带动大盘，最后连该股所属的路径和逻辑都成了市场的范式。比如，贵州燃气在 2017 年底成为龙头后，其所属的路径是远端次新，超跌后反弹，后来连这两个路径和逻辑都成了其他股票模仿的范式，次新股和超跌股分别成了后来龙头发散的路径。2018 年万兴科技、盘龙药业、宏川智慧沿着次新的路径发散，华锋股份、超频三沿着既是次新又是超跌的双路径发散，智慧农业、斯太尔、德新交运沿着超跌的路径发散。当然，这种发散是松散的逻辑，但其背后的若明若暗的暗示，确实是龙头股的魅力。

从以上阐述我们能看到，龙头一词的真正含义，并不像它的中文意思那样容易理解，其背后是独有乾坤的。当然，成为龙头股，往往不一定要同时具备以上四个领涨特性，但至少需要具备第一个和第二个。如果四个全具备，那就可以大胆建重仓且可以中线锁仓。如果一个都不具备，仅仅是能涨，那不叫龙头股，那叫独行侠。

领涨的本质是对外界的影响力，就是该股的上涨不仅是自己的事情，而且事关整个板块、事关全局。有对外影响力，才是真正的龙头股，没有对外影响力，不能算作是龙头股。很多人常说自己是龙头股战法，也有些人批判龙头股战法失灵，云云。请问，他们所说的龙头股是否有对外影响力？如果没有，他们本质上还是技术分析，还是形态判断，而不是正宗的龙头股战法。

## 市场性是龙头股的灵魂

龙头股是在市场竞争中打出来的，是斗争的产物，不是任何人事先钦定的。我们常常听人说谁谁是龙头股。市场没有说话，我们不能猜市场怎么说话，更不能替市场说话。比如 2017 年雄安新区政策一出来，很多人说谁谁谁是龙头，但最终市场选出来的是冀东装备和创业环保；再比如，2018 年海南自贸区新政策出来，很多人也是到处猜乱点鸳鸯谱，钦定很多龙头，结果后来市场选择罗牛山做龙头。龙头从来不是经济学家、大 V、分析师和股神钦定的，而是市场自由竞争、自发选择的结果。

真正的龙头战法不是跑到市场前面去领先市场，而是要与市场同步甚至稍微慢半拍，等市场选择出来龙头再去参与。此心不动，随机而动。这个“机”就是龙头已经启动。

龙头是处理好当下的哲学，不是预测未来的哲学，更不是怀念过去的哲学。

承认市场是终极裁判，那么龙头股必须用部分“成果”来确定——它在市场竞争中脱颖而出，已经涨有一段时间了，有一定的高度了。

很多人总想买在最低点，买在启动的刹那，其实这不是龙头战法的正朔。龙头战法要参与的是主升浪，已经定性的主升浪，而不是还没有开启主升浪就去潜伏。龙头战法无论多巧，总要付出一定的代价，这个代价就是股价已经有点高了。

但是，如果不高，如果不涨，你也不知道它具有领涨性，更无法知晓它在市场博弈中的结果。这个道理有点像西方民主国家的总统选举，当选票没有出来的时候，谁是总统，大家都是猜测，只有当选票统计出来，一锤定音，才知道谁是总统。此时你再把自己的所有资源和倾向与总统挂钩，这才是龙头战法。那种押注的做法，不是龙头战法。

有人会问：这不是晚了吗？

答曰：永远不晚！

龙头战法是向未来要空间，我们看中的是龙头股未来更大级别的涨幅，而不是纠结已经上涨的那些涨幅。欧奈尔的投资哲学曾经提到，与很多人的想象不一样的是，那些率先上涨的股票、已经创出新高的股票，在未来的涨幅往往会远远超过那些还没有上涨的股票。能涨，能率先涨，已经涨了，说明它强。强的事物，才强者恒强。

市场性还有一个意义就是纠偏价值。我们在前面说过，龙头要有价值加持。但是，价值是我们定义的，是我们从价值观出发认为某某有价值。我们认可的价值，市场未必买账。我们认可的价值只有在市场上获得呼应，才有真正的价值。如果我们倾心的价值，市场不买账，左等也不涨，右等也不涨，那不是价值，而是价值猜想。龙头战法是最现实的，它最遵守市场法则。

## 龙头股必须具备第一性

第一性是龙头股的天然属性。什么是第一性？

其一，时间的第一性。率先启动，率先上涨，率先涨停（特指黑马龙头）。这里的第一性，主要指时间上的一马当先，春江水暖鸭先知，春来我最先开口。为什么时间上的第一性那么重要？因为比别人早一天，早一小时，哪怕早一分钟，一秒钟，其意义绝对不一样。第一个上涨是需要冒着拓荒者的未知风险，它上涨的动力和后来者完全不一样。第一个上涨没有模仿对象，没有比拟因子，没有参照物，完全是自性使然。而后来者，因为前面有人探路，有了参照物，有了方向和榜样，其开拓精神大大降低，其本性非天生领涨，只是跟随而已。

其二，空间的第一性。涨幅最大，最能涨。同一板块同一属性中，龙头不是没有上涨的，而是已经涨得最高的那个。龙头要往上拓展空间。最能拓展空间的才是龙头。空间第一也叫空间板，即某个时刻市场涨幅最高的股票。

其三，地位的第一性。这个第一性也就是老大。比如，在一个单位，老板、书记、主席具有第一地位，那他就是龙头；在宗教界，教主是龙头；在体育界，冠军是龙头；在艺术界，主角是龙头；在中药方剂里，君药是龙头；在战场上，主帅是龙头；在一些民间帮会里，总瓢把子是龙头。地位定义法往往是定性法。在龙头一词的使用语境里，比如擒贼先擒王、百万军中取主帅首级、斩首行动，这些说法都是从地位上来说龙头。

第一性主要体现为龙头的博弈性。

第一性是龙头股天生的标签，是其天然的属性。这种属性在股票市场上，是说那种具有“第一”能涨的股票才是龙头股。仔细琢磨，第一和后来者之间，哪怕是第二，也完全不是一个性质的事物。皇帝和宰相，仅仅一位之隔，但身份差距如鸿沟；老板和总经理之间，好像差不多，其实差很多；冠军和亚军之间，成绩的差距并不太大，但冠军、亚军的荣誉差距却是巨大的；正职和副手之间，隔着的不知是多少个日日夜夜的努力也达不到的彼岸。

价值性、领涨性、市场性和第一性，这四个基本原则是龙头股的根本属性，也叫龙头“四维”。具备这四维，就可以获得超然的市场地位，就能拥有市场认同感。这才是我心目中的真正龙头。我所言的重新定义龙头，就是用这四个标准综合起来去判断龙头，而不是只看其中的一项，特别是不能只因为谁价格能暴涨，就把谁认定是龙头。能涨的股票，要有价值内涵；有价值的股票，要接受市场的裁决，是骡子是马拉出来遛遛。在市场竞争中，龙头股必须是第一性的那个。光自己涨幅第一还不行，还必须能带起其他股票一起涨，如是，才是龙头股！

龙头“四维”能不能缺一个？我认为经典的龙头“四维”必须全具备，且全部都完美。但现实中的龙头，可能某一个维度会弱一些。或者这样说，龙头最终四个维度都会具备，但是进程的开始，可能某一个维度不是很明晰，随着龙头龙性的加强和市场的深度挖掘，四个维度会慢慢地逐步齐全。

我在这里讲的是理论上的理想状态，实战中的龙头往往某方面的特征不够清晰和突出，这就需要我们灵活运用理论。但这四个维度越齐全，龙头的级别越大，龙头的真实性也越强，我们就越应该加大仓位。如果这四个维度有一个或几个维度弱，那么仓位就小一点，或者干脆放弃。

如果能严守龙头的这个定义，龙头战法的很多风险就自动烟消云散，很多风险都源于我们对龙头没有真正理解。当然，很多人把杂毛当龙头来做，这样产生的风险当然不能让龙头来背黑锅。很多人做的股票根本不具备这个四个原则，他们只是借用“龙头”这个词，结果出事了，却败坏了真正的龙头股的名声。正如很多暴涨的股票不是龙头一样，很多暴跌的股票也不是龙头，很多出现大回撤、大起大落的，让人亏钱的股票，根本不是龙头股，其成功和失败都与龙头无关，更不能让龙头战法来对其负责。

重新定义龙头是立，仅仅立还不够，要彻底理解龙头，还必须破，破就是破除我们看待龙头的旧有眼光和机械思维。有立有破，才能直达巅峰，把握精髓。

# 7 龙头破执

破执就是破除机械的、教条的执念，破除不应该有的“执”。“龙头”一词，在当下是流行词，但人们对其认知不是太死板，就是太混乱，我们必须重新审视。

## 破以结果定义结果之执

在很多人眼里，龙头没有一致性的内在逻辑，谁能涨谁就是龙头，好像龙头就是暴涨的代名词。如果真是这样，直接用暴涨股不就行了，何必用龙头股一词？这种直接用结果定义龙头的方式，其实是一种强盗逻辑，它不讲究过程正确、程序正义和逻辑的一致性，而是以结果定义结果。

龙头确实是要领涨，要有第一性，但是它背后是逻辑的一致性。并不是所有暴涨的股票都是龙头。如果那种暴涨是跟风式的，是没有任何价值加持的，任凭它怎么招摇过市，怎么涨，它也配不上“龙头”一词。

任何领域的核心概念，都是用一致性的内在逻辑来定义，其内涵清晰，至少有 1 ~ 2 个约束条件；其外延有限，不具有无限适用性，更不能包罗万象。龙头概念的内涵有四个基本原则：价值性、领涨性、市场性和第一性。这四维构成一个窄门，从这个窄门走出来的股票才是龙头。如果没有从这个窄门走过，即使它也同样到达目的地，它也不是龙头所覆盖的范围。龙头不是无所不能，无所不包，龙头是有所为，有所舍。

在股市实战中，保持窄门心态非常重要。如果见到暴涨股都心慌，都觉得是自己的交易模式，那么最终将无所适从。什么都做的结果就是没有原则，更谈不上信仰了。做龙头在很多时候是要有取舍的，而不是雁过拔毛，逢涨必追。

## 破涨停板之执

当下流行的观点是把龙头和涨停板绑在一起。从涨停启动，能够连续涨停，被视为龙头天经地义的特征。事实上，这是一大误区。

涨停板是 A 股特有的交易制度，也许未来某个时候就没有涨停板制度了，难道那时就没有龙头了？在港股、美股以及其他很多国家和地区的股票市场，都是没有涨停板制度的，难道他们那里就没有龙头？

龙头的核心是领涨，是执市场之牛耳。谁是市场的火车头，谁就是龙头。它与该股是否是涨停板，是否是连续涨停板没有必然的关系。

破除涨停板之执也不是完全反过来，与涨停板对着干，就是要反涨停，而是不要在涨停板上执念太深，要超越涨停板，把涨停板和不涨停板一视同仁，不把涨停板当成必要条件和最高法则，也不排斥和回避涨停板。

破除了涨停板之执，就可以把白马龙头与黑马龙头完全统一起来看，就可以剔除形式主义，看到龙头的“神”，而不是龙头的“形”。连续涨停板，与不涨停不停涨，都可以是龙头存在的形式，关键是能不能做到领涨。

举个例子。贵州茅台（见图 12）在 2016—2017 年间，价量齐升，业绩暴涨，价值被市场追捧，它是两市中上涨启动最早的白酒类股票，更是大消费属性的火车头，同时也领涨沪深两市，这是一个从任何角度看都无可置疑的龙头。难道就是因为它不涨停，你就否认它是龙头？如果你否认它是龙头，那么龙头一词就没有任何意义。一个明显的大龙头摆在那里，而且是两市的第一龙头，居然因为涨停板的执念，就把它排除在外，这不是滑天下之大稽吗？如果哪一天 A 股不设涨停板限制了，难道就没有龙头战法了吗？

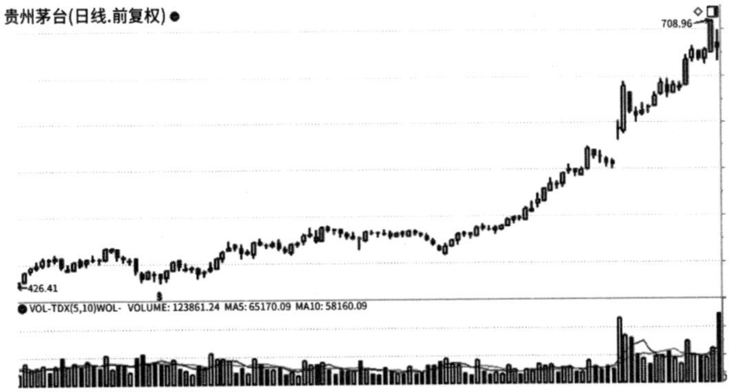


图 12　贵州茅台在 2017 年的局部走势图

再比如方大炭素（见图 13），2017 年它的价值被市场发现，其主营业务产品石墨电极因为供给侧改革和下游钢铁行业的巨大需求量，出现价量齐升，业绩不断超预期。当时，它不但自己成为两市最耀眼的明珠，还引领整个炭素板块的股票上涨。更有甚者，凡是业绩类和周期类的股票，几乎都被方大炭素带起来一起上涨。这是一个无论从任何角度去看都无可挑剔的龙头，也是那个时期市场上的定海神针。难道就因为它不连续涨停，你就否认它的龙头地位？就像一个皇帝，某一天没有穿龙袍，你见到他就可以不认他是皇帝？

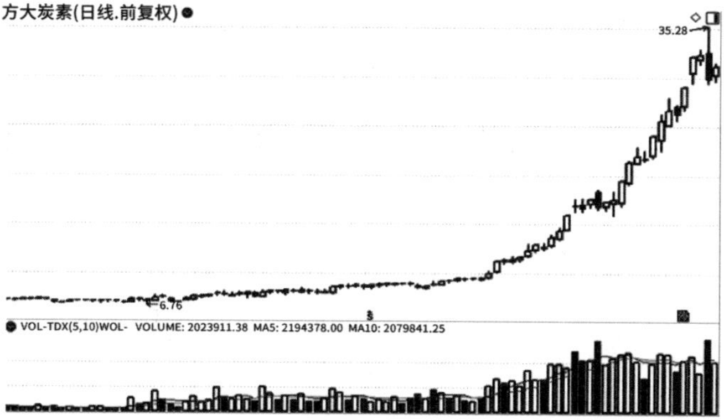

图 13 方大炭素在 2017 年的局部走势图

龙头分股权龙头、白马龙头和黑马龙头。仅黑马龙头需要涨停板确认，需要以涨停板为主要特征；白马龙头完全不需要涨停板确认；股权龙头更不需要涨停板，股权龙头甚至不需要资本市场确认，它只要在现实世界是龙头就可以。股市中的“龙头”一词，应该和其他领域的“龙头”一词在含义上具有共通性和一致性，那就是老大，就是第一性的事物。只要它的本质是第一性事物，就不要在它身上再附加其他多余的条件。

图 14 为东方通信的部分走势图。该股是 2018 年年末至 2019 年年初出现的龙头，当时的大背景是 5G 的政策刺激一浪接一浪，市场对通信类的股票有很高的预期。从龙头战法的角度看，该股有行业政策价值预期，符合多元价值加持。该股同时引领了当时市场上的通信板块，是市场的火车头。这是一个名副其实的龙头。但是，其上涨的过程一波三折，并没有连续涨停，而是给人行云流水的趋势

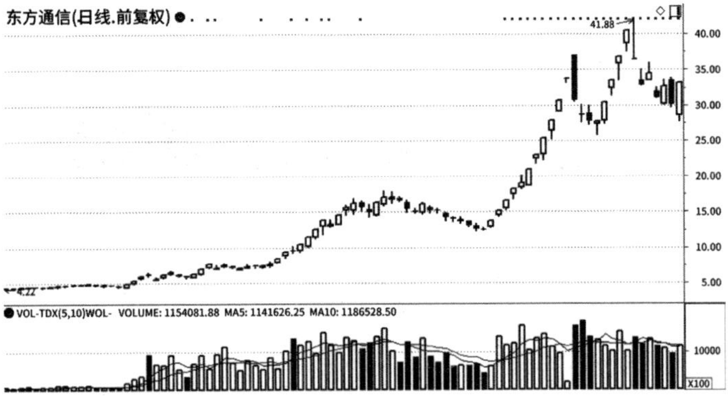


图 14　东方通信在 2018—2019 年的部分走势图

感。在当时的市场环境下，举目望去，它就是第一性事物，就是两市当时的老大，我们不能用是否是连续涨停板的刻板指标来框定它。

破涨停板之执，是寻求龙头底层最根本的逻辑，剔除一切形式主义，直奔龙头本质。

## 破形态之执

破形态之执不是不要形态、否定形态，而是不要被形态禁锢。

应该认识到，形态具有很大的机缘性，形态的构造和节奏根本不具有唯一性，很多股票的形态是随市场的波动和大盘的起伏随机而成，龙头根本不能从形态上推导出来的，而是在市场博弈中出位的。完美的形态可以出龙头，丑陋的形态也可以出龙头。横盘整理可以出龙头，V 底反弹也可以出龙头。创新高的股票可以出龙头，超跌的股票也可以出龙头。法无定法，形无定形。

我们要的不是特定的形态，而是在当时的市场环境下，某股能否成为市场的灵魂，能否成为市场的第一物、第一因。

形态什么时候才重要呢？当该股已经具备龙头的苗头，

然后形态与之共振的时候。否则，形态就只能是一具空壳。

我主张破形态之执，并不否认形态在股票分析中的价值，只是认为，在龙头战法的体系中，形态的地位连前三都排不上。更致命的是，如果过于重视形态，容易被形态牵着走，忘记龙头的本质是比谁强，而不是比谁形态经典、比谁形态完美。就像一个单位的一把手，能力永远比颜值重要。

这个道理比较容易理解，但形态之执也比较难破，因为很多人最开始接触股票，就是从形态起家的。什么头肩顶、旗形、楔形、箱体、孤岛反转等等，早已占领很多人的经验思维和直觉世界，任何股票最先映入他们眼帘的往往就是形态，他们的心性很容易被形态的美丑所牵引。要想破除形态之执，并非易事。

这个执不但普通的投资者难以破除，就连高手也容易被形态所束缚。很多人是形态的高手，让他放弃形态没有那么容易。还有很多人有多多益善的思想，总希望多一个工具、多一种角度来判断龙头，这个时候他们最想留着的就是形态。

这个世界的复杂之处就在于，有时候可以多多益善，但另一些时候多多并不益善。工具和角度多了，并不能让我们更接近真理，反而会干扰我们对真理的单刀直入。形态这个东西，我认为如果不是做龙头，它的作用可能很大；如果做龙头，它的作用真的没有那么大，甚至会起羁绊作用。

为什么？因为形态一定会在无形中影响我们对强弱和第一性的认识，它会抢占心理资源，会影响人的起心动念。形态是直觉的东西，强弱判断和龙头“四维”是理性的东西。当盘中一只股票蹦出来的时候，一定是直觉思维抢占理性思维的地盘。因为理性思维比较烧脑，人一旦处于疲倦或者紧张状态，很容易放弃理性推理，直接凭直观感觉来做决策。

我讲的这个层面，不知道能不能引起大家共鸣，我相信随着投资经验的增加，大家一定能明白这段话的含金量。

如果你已经破了形态之执，再来看形态，形态就不是单纯的形态，而是验证你思维的东西；如果你没有破形态之执，天天沉迷于形态，形态就会影响你对龙性的把握。形态其实是一道坎儿，过了这道坎儿，再回头看它，你才能正视它。如果过不了这道坎儿，它会绑架你的思维，让你念念不忘，让你耿耿于怀，让你起心动念都是它，这样就无法真正做龙头。我说的破执，正是从这个意义上去考虑的。

这个道理怎么解释呢？我给大家讲个故事：

有个孩子跟父亲说，很多大人物都半途辍学了，比尔·盖茨从哈佛退学创办了微软，成为世界首富，所以他觉得不上大学没有关系。他的父亲回答道：如果你能考上哈佛，我也允许你辍学。

这里面含着一个什么道理？能考上哈佛再辍学，和根本没有考上哈佛，压根儿就是两码事。再举一个例子，很多父母对孩子的教育比较严酷，被称为“虎爸”“虎妈”。这种父母好不好呢？如果这个孩子长大成功了，成了才，孩子回忆父母的棍棒教育，可能会感激万分：当初多亏父母严加管教，才有今天的我。很多人看到这里就会感慨，做父母的还是要狠一点好，父母越严厉孩子越成功。如果故事就到这里，那也太简单了。其实，故事还有另外一面，有的父母更严厉，到头来孩子也不成才，在社会上很失败。这些孩子回忆起父母的严厉会怎么想？他们会感激严厉吗？当一个人最终成功了，他会感谢一路所有的磨难和挫折；当一个人没有成功，那些磨难就真的只是苦难。讲这两个事例是为了说明一个道理，当你能超越一个事物的时候，你才能去正视那个事物。当你能考上哈佛的时候，文凭就束缚不了你；当你能成功的时候，苦难都能当成甜蜜的回忆。但是，当你超越不了，你总是念念不忘那个东西，耿耿于怀那个东西。个人成长和投资破执道理有相通之处。

当你能超越形态，不被形态所执，客观地审视形态的价值和局限的时候，你就能重新启用形态。因为你知道，你不会被形态绑架，你的起心动念是逻辑分析和各种因子推理，而不是看一只股票股价走势形态的美丑。但很多人是跳不出形态的，其结果一定会被形态所锢。我主张破除形态之执就是想办法解除形态的绑架，直接进入强弱分析的世界，进入龙头“四维”的境界。如果你能做到，那么就不会被形态绑架，还会给你多一个维度来观察股票；如果你做不到，形态就会阴魂不散，绑架你的起心动念，到头来你还是滑向形态分析和技术分析，而不是龙头战法。

本书会多次出现破执，这里再强调一下，所谓的破执，不是反对，也不是否定，更不是走到它的对立面，而是超越它，跳出它，不再纠结它，越过那个角度，不受制于那个狭窄的框架，站在一个更高的高度重新看问题。我举个大家容易理解的例子。我经常观察三四岁的孩子玩球。当几个小孩在一起玩球的时候，大家都去抢那个球，谁抢到谁就很开心，没抢到球的孩子可能会沮丧得哭鼻子。可是当大家都不玩球的时候，你把球塞给一个小孩子让他一个人单独玩，那个小孩子对球反而没什么兴趣了。为什么？因为没有人跟他抢了。小孩喜欢的不是球，而是玩球的游戏，球只是这个游戏的一部分。这就类似于我们龙头战法中的形态。没有它，玩不成，任何龙头都会以某种形态出现，但形态又不是龙头战法这个游戏本身。如果一只股票不是龙头，哪怕它的形态再美，也没有人去抢着买它。这就是破执。

我们看图 15 和图 16，分析这两只股票的表现。

图 15 和图 16 是两只龙头股启动之前及刚启动的图，一个是一波三折地上涨，一个是连板上涨。前者给人的感觉是纠结式上涨，后者给人感觉是惊涛拍岸、直上云霄。外在的形态给人感觉完全不是一个频道。但如果越过形态，二者

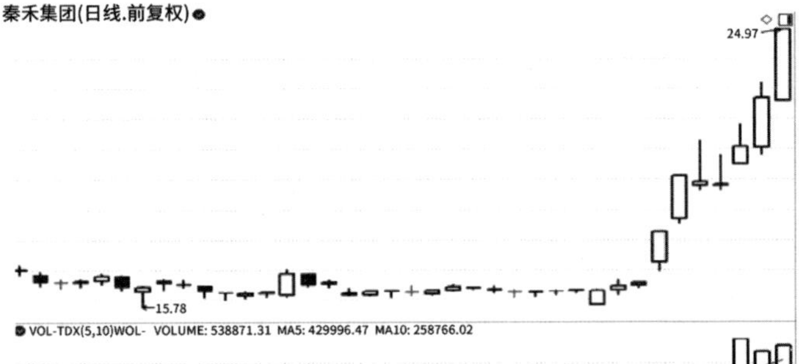


图 15　泰禾集团 2017 年末局部的走势图

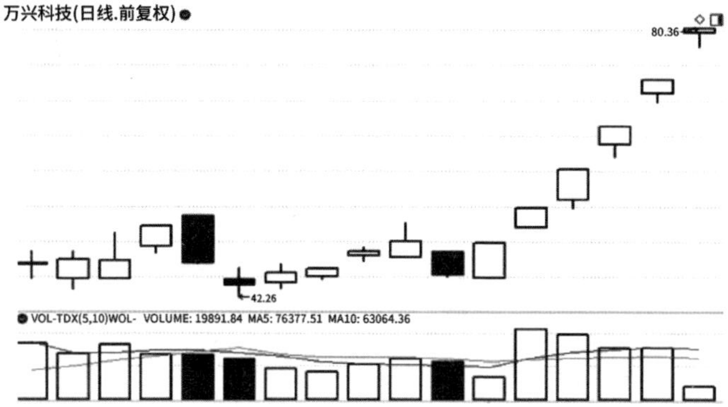


图 16 万兴科技 2018 年初的局部走势图

又高度统一，它们都是那个时候两市的灵魂和领涨股。回到当时的市场环境，如果从强弱的角度去看，它们都是那个时候市场上最强的股票。前者哪怕不连续涨停，它也是最强的，因为没有别的股票比它强，它具有第一性，而后者更是第一性的。从这个角度上看，它们都是龙头。但如果执于形态，就可能会对前者产生误判。

这两个案例还是很容易看明白的，我们再看两个不容易看明白的。见下图 17 和图 18。

暴风集团和全聚德的形态完全不一样，但都是龙头。如果只习惯其中一种形态，或者过于喜欢一种形态，很可能会放过另外一种形态。只有从强弱的角度去理解，才能不被形态绑架，直接拥抱当下市场最强的股票，才能两只股

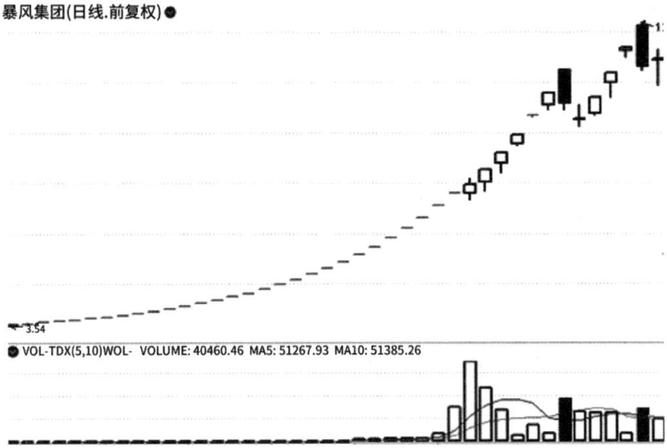


图 17 暴风集团刚上市时的局部走势图

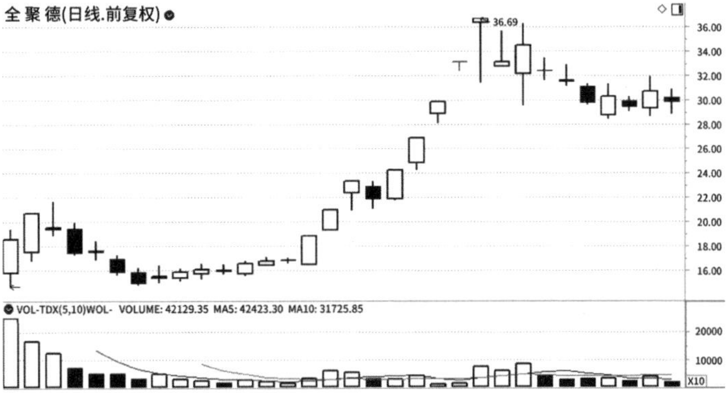


图 18 全聚德刚上市时的局部走势图

票都能做到。

《道德经》曰："天下皆谓我'道'大，似不肖。夫唯大，故似不肖。若肖，久矣其细也夫！”道的伟大在于其脱离具体的“相”和“像”，如果不脱离具体事物，道就很渺小，也就不能称为道了。美丽的皮囊千篇一律，有趣的灵魂万里挑一。形态就是皮囊，龙头“四维”就是有趣的灵魂。龙头战法之所以特别强调破形态之执，根本原因就在于人性最容易沉迷于“色”，容易被“美丽的皮囊”吸引，破“色戒”太难了。道不远人，股市的道理和生活的道理是相通的。

## 破技术分析之执

其实，形态就是技术分析的一部分，破形态之执就是破技术分析之执。但，为了破执更彻底，仅仅破形态之执还不够，还必须破所有技术分析之执。为什么把破形态之执单列呢？因为形态是技术分析中最直观、最容易先入为主的那部分。

技术分析是一个庞杂的世界，包括K线理论、指标分析、均线系统、切线系统、成交量系统、黄金分割数字系统、筹码系统、波浪系统等多种分析方法。

破技术分析之执，并不是说技术分析不重要，也不是完全抛弃技术分析，而是说龙头战法要摆脱技术分析的束缚，站在一个全新的维度上看问题。很多人把龙头战法当成一种新的技术分析，此乃大谬。龙头战法是博弈分析，它包括逻辑分析、基本面和题材分析、定性分析、强弱分析，多维共振。它打通技术和价值，但又不局限于技术和价值。在龙头战法中，我们也会用到技术分析的成果，但使用的角度和技术分析者不一样，所追求的东西也不一样，出发点与起心动念更不在一个频道上。这么说吧，如果说技术分析是数学，那龙头战法就是物理学；如果说技术分析是文字学，那龙头战法就是文学；如果说技术分析是摄影学，那龙头战法就是影视学。二者有交叉重合的地方，后者会用到前者的成果和内容，但是它们本质上不是一回事。

本书随后也会写到一些技术分析的东西，也会讲到形态，偶尔也会出现指标，因为龙头战法不是空中楼阁，它也需要借鉴其他投资流派的成果，但它不执于这些成果。龙头战法与它们合则用，不合则弃。这个道理有点像三维空间，照样要用到二维空间的东西，但它是以三维空间的视角去看二维。

举个例子，技术分析经常会提到压力位置。这在传统技术分析里再正常不过，股价到压力位置会出现震荡调整，或者会受制于压力位出现反转，但是，这些东西在龙头股面前，往往不堪一击。

我们看下图 19。泰禾集团是 2017 年末至 2018 年初诞生的龙头股，该股因为董事长跟媒体放风说 2018 年销售突破 2000 亿而被市场追捧，当时该股的上涨还引领了整个房地产板块集体上涨，是典型的龙头股。我们发现，它的前面至少有七个大的压力位，但是龙性一旦加持，任何压力位置对它都没有压制作用。如果受制于传统的技术分析，肯定会忌惮压力，不是卖得早，就是不敢加仓。这样的例子还有很多，贵州燃气、万兴科技、恒立实业、鲁信创投，哪个不是顶着压力位置前进的？

传统技术分析还包括成交量理论、超买超卖理论、乖

图 19　泰禾集团 2015—2018 年的走势图

离率理论、筹码理论等等，它们常常在龙头股上失效，不信你拿它们分析恒立实业、弘业股份试试。

技术分析的东西，有的有效，有的无效，鱼龙混杂。我用龙头战法的时候，会选择技术分析里最有效的、最常识性的东西来做参考，但不受其限制。尽管如此，我还是对技术分析抱有足够的警惕，因为人的内心世界，执念只能在一个地方，立极点只能在一个哲学体系上，如果“多多益善”，往往不是互补和博采众长，而是互害和不伦不类，遑论至善至纯。我在国内被很多单位，包括一些大学和证券公司邀请，做过很多次公益性的投资报告会，接触过大量的股民，也培养了一些操盘人才。在这个过程中，我发现传统技术分析学得越好的人，越难以把龙头战法做到纯粹，因为技术分析总是挥之不去，过往的羁绊往往阴魂不散。他们看到一只领涨股，起心动念不是去拥抱和欣赏，而是去怀疑，去找压力，去找量能支持，去找一切来自技术分析领域的证据，其内心的底色是害怕和嫉妒龙头股。这不是说技术分析不能用，而是说技术分析与龙头战法是两个路子，它容易束缚对龙头的想象力。

我非常喜欢中国的传统武术，特别是内家拳，对很多武林巨擘的故事如数家珍，戴隆邦、李洛能、董海川、杨露禅、杜心五、郭云深、程延华、孙禄堂、王芗斋、李小龙，每一个人的故事都让我热血沸腾。我曾有缘拜访过徐州市贾汪区的意拳大师张广玉，向他请教学习内家拳最重要的是什么。他说一定要有“明师”指导，明理知法。张广玉大师一生拜过无数个师父，先后师从李道清、袭稚和、玉虚道长、马振岱、赵道新、郭贵志、浑圆子等“明师”学习功夫，后来才成就顶级的武术造诣，其门人弟子有很多人名扬四海，其中的翘楚乃王强先生。王强因为一开始就站在巨人张广玉肩上，后来才成就顶级意拳内功，人称“不倒翁”。徐州另一位武术大师潘小杰的说法更加直接，他说，要成就上乘功夫，必须要有：

“明师”指点，天赋异常，勤学苦练。

其弟子邱祥龙先生补充道，“明师”指导是根本。有的人练一辈子没有练出功夫，不是不聪明，也不是不勤奋，而是没有站在巨人肩膀上，一辈子都在瞎练。仔细想想，确实如此。任何一个武林高手，无不遍访“明师”，四处偷艺，真正靠“自力更生”成为武林高手的，遍观中华几千年武术史，可谓凤毛麟角。即便有这样的高手，大多也是天外飞仙、陆地神仙，比如佛门达摩、道界张三丰。所以，孙禄堂曾说：

我技虽佳，然必有胜我之人。高于我者，当以师礼事之。取其所长，补吾所短，于是我技益进，岂足为贬？传之后进，吾道益宏。既或造诣独精，高出流俗，亦不能自满。艺无止境，学问无涯，岂可自堵前程？

这些故事，说起来是关于功夫的故事，但也是关于怎么求道、怎么学习的故事。投资之难，不亚于学上乘功夫。所以在投资的路上，我也喜欢遍访高手，向一切高于我的人学习。每当我与民间或者私募圈的顶级高手相聚时，都会虚心求教。在这个过程中，我发现很多顶级投资高手，凡是能配得上“大家”的，其最底层的起心动念和价值观都不是技术分析。更令人匪夷所思的是，他们中相当多的人都曾是技术分析高手，或者是学技术分析起家，但后来都破了技术分析之执。

当然，对于完全不懂技术分析的人，我也建议去学一点技术分析的基础知识，最起码 K 线、成交量和形态的东西要懂，但不能执，不能迷，不能把这些当成最高准绳。要拿得起，学得会，更关键的是要放得下。如果陷入其中，入迷太深，则不如不学。

在我看来，感性认知和经验积累，以及自己私下总结的一些小规律、小窍门，往往比技术分析更有用。如果你嫌自己的技术分析知识太少，“基础”不够，与其天天去看技术分析的书，陷入指标的汪洋大海，还不如以市场为老师，去总结属于自己的小心得。其实，技术分析不也是以前的某个谁谁谁从市场上总结的心得吗？只是他们有名了，他们的成果被放大了，就成了流行的技术分析。

## 破追涨停板之执

追涨停板，也称打板，其流派也常被冠以“涨停敢死队”。我在《股市极客思考录》第七章“涨停板篇：‘面子’的风光与‘里子’的冷暖”中曾经详细分析过涨停板。时过境迁，经过多年的实战和思考，我对涨停板又有了新的认知。

上面我们曾提到，龙头战法要破涨停板之执，这里又说要破追涨停板之执，貌似重复，实则不然。多一个“追”字，内涵大不相同。破涨停板之执是从股票客体上去说，主要是表达龙头股与它是否是涨停板、是否是连续涨停板没有必然的关系。这里要阐述的破追涨停板之执，是从买法上去说，主要表达的是龙头战法与是否打板买入没有必然的关系。

对龙头战法最多的误解是把它等同于追涨停板，等同于打板。龙头战法的核心有三个：一个是龙头风控，一个是定龙，还有一个就是买卖点。龙头风控是龙头战法的前提，只有风控严格了，龙头战法才能避免大起大落。定龙就是识别龙头，或者说是选股。在我的龙头战法体系里，选择永远比买卖点重要。定龙能力，也就是选股能力，是龙头战法最核心的东西，也是很多人秘不外传的东西。在龙头战法中，定龙、选股最花费精力，也最考验功力，同时也是最容易出错的地方。如果选龙头过关了，买卖点就水到渠成、瓜熟蒂落。只可惜，很多人本末倒置，把主要的精力放在怎么买卖上。

在这里，我不是否认买卖点的重要性，只是凡事都有本末、有先后。正如《大学》所载："物有本末，事有终始，知所先后，则近道矣。"龙头战法的"本"是选股体系、选股能力，只有这一关过了，买卖点才能登上舞台。如果选股关没有过，天天在买卖点上折腾，会离龙头战法越来越远。

其实，仔细想一想，水平越高的人，对买卖点的要求越低，特别是分时图上的买卖点。巴菲特如果看中了一只股票，他的建仓时间可能是几个月，也就是说，那几个月之内每一天都可能是他的买点。只要选股关过了，等待一个安全空间，随时都可以买。当然，纠结买点也不一定都是错的，比如，量化投资就必须把买点放在极其重要的位置。但龙头战法作为主观多头交易，其第一性的任务，应该是选股。如果看中一只股票，非常确定它是准龙头，应该不拘一格买入它，全天候都是买点。

打板，也就是在涨停板上买，本质上是买卖点系统的内容。在龙头战法体系内，我们不否定有一种买法是在涨停板上买，但是，还存在其他很多种买法，比如集合竞价买入法、分时低吸买入法、半路点火买入法、定性买入法。涨停板买入法只是这几种买法的一种，只是这种买法比较犀利，名字也比较响亮，容易引起媒体和外界的注意而已。

我对涨停板没有特别的排斥，也没有特别的热爱，我就是把它当成一种在 +10% 买入股票的买入法而已，和我在 +2% 买入、+5% 买入没有本质的区别。有时候在涨停板上买入个股是迫不得已，因为涨得太快了，不在那个地方就买不到，或者委托价格不是涨停板就成交不了，这个时候我会毫不犹豫地挂涨停板价格。但我追求的和市场上的打板客不一样，我是因为确定它是龙头而买入，我所求的是空间高度，是接力；而打板客可能看中的是溢价，是当时的分时强度，或是形态的张力。

买点还要随缘，人和买点之间有时候是一种缘分。选哪只股票，是理性分析的结果。但选好股票后，买点在何处，具有很大的模糊性和机缘性。比如我们看好一只股票，认为它未来有 +50% 的空间，那么第二天无论哪里买入，都是对的。如果你就给自己确定一个价格，万一它没有那个价格呢？再说，难道比那个价格高两个点或低两个点，你就不买了？如果你追求的是龙头，应该大开大合、策马扬鞭，买点尽量“模糊”点儿。

当某一天确定要买一只股票的时候，如果市场预期好，也有很多人看好这只股票，它可能一开盘就很高，也许瞬间涨停。这种情况下不以涨停板挂单就买不到，你和该股票的缘分就是涨停板，这种情况下就涨停板去买。这种思路和市场所谓的涨停板敢死队的思路有本质的区别。

如果你看好的股票第二天开盘价在 0 轴附近，然后其走势步步验证你的判断，难道你非要等到涨停板才去买它？难道你就一直看戏，等着它拉升？

永远不要在买点上画地为牢，应该定龙即买、看懂即买，定性点在哪里、看懂它是哪个时刻，哪儿就是你的买点，你和该股的缘分就在哪儿。这才是龙头战法买点的精髓。

如果坚持这种买法，涨停板之执自然就破除了。对涨停板，我们应该是：不憎不爱，不惧不贪，不迷不斥。

龙头战法不止上述“五破”，还有很多“执”要破，最需要破的是破执本身。我们破执不是为了破执而破执，也不是为了反对谁，不是为了故意跟什么方法和理论过不去，更不是为了显示自己如何如何，而是为了最终无限接近市场、无限接近真相，是为了选择一种最纯粹、最没有繁文缛节、最不需要多余动作的方法。破执错了，我们就破“破执”的执，破执对了，我们就破“固有之执”的执。

记得佛祖在《金刚经》里说过：“汝等比丘，知我说法，如筏喻者，法尚应舍，何况非法？”我们要过一条河，需要竹筏。过完河，我们就踏上彼岸，此时我们不能把竹筏背在身上，应该学会放下。竹筏是我们前进途中的工具，不是我们的终极目标。需要用则用，不用则舍。龙头战法的终极目标是找到市场上真正的龙头，拥抱最强的股票。如果能实现这一点，我所讲的任何东西都可以舍弃，本书也可以扔掉，如此才是彻底破执。

应无所住而生其心！

# 8

# 正信正念：原教旨主义龙头战法

今天是一个信仰缺失的时代，也是一个信仰泛滥的时代。说其缺失，是因为很多人都秉持有奶便是娘的世俗崇拜，缺乏超然物外的价值坚守；说其泛滥，是因为各行各业都在谈信仰。

在龙头战法的实践中，你能听到最多的词就是信仰。但有多少人真正了解龙头？有多少人能够超越暂时得失和利益诱惑而坚守龙头？

龙头信仰说起来容易，做起来难。泛泛谈信仰容易，在实战中秉持信仰难。偏听偏信容易，正信正念难。

当然，我们谈的龙头股信仰，不是宗教信仰，但绝对不能缺乏超然性，要超越短周期、小周期的鼠目寸光，超越一城一地的得失，超越浅层的东西，坚守原则第一，坚守逻辑第一，坚守过程正确，坚守有所不为。

我们谈的龙头信仰是理性的信仰，不是盲目的信仰。如果不了解龙头内部的规律，不了解龙头为什么好，你所信仰的只是一个符号而已。那就不是龙头信仰，那是迷信，是随大溜。

正信正念的龙头信仰还原龙头的本质含义，以拥抱最强的事物为核心，然后让术去配得上它。我们坚信龙头规律在任何领域都是对的，如果在股票市场上龙头规律出现问题，那一定是用错了术。

怎么才能不用错术？自己的术怎么才能配得上龙头的价值？这就需要明确龙头“四维”和“五破”。四维是价值性、领涨性、市场性和第一性。五破是破结果论、破唯涨停板论、破唯形态论、破技术分析论、破打板论。把“四维”和“五破”融会贯通，化为一句话：取神不取形、取真不取假、取少不取多。

如果你做的是真龙，你坚守的是它的“神”，你应该常常保持缺的状态，可疑的龙头不做，只做确定无疑的龙头，那么你就是原教旨主义的龙头战法。你会发现，龙头战法不是失效了，而是太有效了。

那为什么有人用龙头战法会出问题，埋怨龙头战法失效呢？根本原因在于他没有坚守龙头“四维”和“五破”，直接原因在于他触碰了龙头战法体系里两根最敏感的神经——真假和位置。龙头战法最害怕的是买到假龙头，买在错位置。

# 9

# 龙头的真假

龙头战法看起来简单，但其内部有大量的迷人细节和妙不可言的敏感之处。前文我曾提到，理可顿悟，事须渐修，龙头的信仰和道理也许可以瞬间顿悟，但操作的实践必须渐修而成。有些渐修的秘密，很多高手终其一生也不愿意跟别人提起半句，因为得来太不容易。我有个朋友说过，没要过半条命甚至一条命得来的东西，都不算真东西。渐修的过程，其艰辛和痛苦，远非常人所能想象，其背后付出的精力和金钱，更是不计其数。所以，很多人对自己的“心血”秘而不宣。真正愿意分享的人，确实需要“无我”之心。有人会问我为什么愿意分享，原因有三：一是我信奉的佛教教导我，福报来自给予，我认可《了凡四训》的教诲，相信积善之家必有余庆；二是我对自己与时俱进的能力有足够的自信，把思考和心得写出后也不影响我，如果我是“坐吃山空”的人，那我可能就没有勇气这样做了；其三，我认为投资没有终极真理，没有绝对秘密，我写的东西与其说是机密，不如说是我的心路历程和思维过程。

有人会问：你怎么保证你说的都是对的？

我从来不认为我说的绝对“对”。我们认知事物都有一个探索的过程，探索的成果都是暂时的、相对的。没有谁掌握了终极答案。即便是科学，它本身也并不等于绝对正确。科学的核心是一套规范和方法，然后按照这个规范和方法去做，它就是科学。我们发现很多科学发明后来都被“证伪”了，特别是在医学界和物理学界，但科学家们的探索却是珍贵的。不能因为爱因斯坦的相对论在某些地方证伪了牛顿的经典力学，就否定牛顿的科学精神。

言归正传，现在我就把自己“渐修”的一些核心秘密拿出来分享给大家，我敢保证是核心的核心，它们就是——龙头的真假和位置理论。先来探讨龙头的真假。

上文曾提到，龙头战法体系里，选择永远比买卖重要，选股是关键。为什么这样强调选股？因为害怕出现假龙头。既然是龙头，价格就已经有一定的涨幅，已经有点高了，如果它是假的，是一个别人造的龙头，请君入瓮，那这种风险是非常可怕的。

我举一个其他领域的例子，让大家更容易理解真假的重要性。书画和古董收藏是一个重要的投资领域，只有顶级大佬才能玩得起。这个领域最最害怕的不是价格高低，而是真假问题。

赵汝珍说：“数千年来，全国上下无不以书画为国家精神所在、个人名誉所关，视之极为神圣。”大家收藏的不是一些纸张和墨汁，而是一种气脉长存的东西，一种精神的传承。绝世的书画具有稀缺性，其价格往往是天价。但如果你出天价购来的却是赝品，那该多么恐怖。试想，如果你以高昂的价格购得《快雪时晴帖》《千里江山图》这样的绝世珍宝，在狂喜之余还未来得及亲近，突然发现是伪造的，你的内心是何其崩溃。所以，历来收藏家最需要锻炼的是识别真假的能力，而不是买卖技巧和砍价能力。很多收藏家是世家出身，从小耳濡目染，系童子功，才能纵横收藏品领域。在识别真假上如果没有练就真功夫，是不敢轻易在艺术品上出手的。艺术品收藏可以买贵一点，但绝对不能买假。

龙头的规律和这个有点相似。人人都知道龙头好，在任何领域龙头都代表最好的事物、第一性的事物。龙头强者恒强这一规律天然正确，做到第一比做得更好、更努力更有意义。但前提是这个龙头是真的，如果是假的，那就是灾难。

为什么有人觉得龙头战法难，为什么有人质疑龙头战法失效了，是因为很多假龙头混入其中，鱼龙混杂，假龙头让人付出的代价，账都记在真龙头的名下。

股票本质上是金钱的游戏，如果你的钱足够多，你可以制造一只外表跟龙头股一样的股票，专门等待那些龙头信仰者进入，然后你再顺利出货。这种套路和游戏，最近几年在 A 股大行其道。关于这个问题，请见本人曾经写过的一篇文章，引用如下。

## 某些游资：高仿龙头的血汗工厂

“今年过节不收礼，收礼只收脑白金。”这句广告词用在今年的投资界很合适：今天开盘不买股，要买只买龙头股。龙头股正在以独有的魅力和霸道的市场表现征服很多投资者。

凡事有好的一面，肯定也会有坏的一面。既然龙头股是投资者的最爱，那就必然有人投其所好，制造出很多假冒伪劣的龙头股。这个逻辑在任何领域都是一样的。

我曾反复强调一个观点：做龙头股的核心是选股，龙头战法是一种充满智慧的博弈游戏。但市场上大多数人是浮躁的，没有人在乎什么智慧不智慧，很多所谓的龙头股追逐者更爱听口号，比如“无脑买入”“打板买进”等等。

针对这种情况，我不止一次告知风险，也反复提示龙头战法的交易者，无脑买入是对龙头战法极大的误解和侮辱，龙头具有高贵性和稀缺性，不能见到暴涨股就以为是龙头。龙头必须具有领涨性，且有大级别事件、大价值因素作为背书，否则，涨得再高也不能称为龙头。

可更怕的是，一些别有用心的人利用无脑者的龙头信仰和龙头心理，正在悄悄地布置一台龙头收割机。

这个收割机是什么样的呢？

市场不是喜欢龙头吗？你们不是爱谁高买谁吗？你们不是爱二板定龙三板成妖吗？你们不是爱有三必有五、有五必有七吗？你们不是坚定地无脑买入吗？那好，有人就利用资金优势，故意制造一个你喜欢的“龙种”出来，然后利用大V、微信公众号、淘股吧和其他一些媒体来吹票，等大家蜂拥而上甚至一字板挂单买入时，他再根据市场情况，随时收割。这就是游资的龙头收割机。

从本质上讲，龙头必须具备自然合力，而且需要借势。龙头的天然意义是在同一个上涨板块中处于领跑地位，而不是独跑地位。可是，龙头收割机与这个不同，它不需要合力，它可以利用资金优势；它不需要借势，它只需要控盘；它不需要同板块都上涨，它只需要自己控盘的那个股天天涨就可以了。这样，它就可以通过资金优势，制造一个外在形态很像龙头的高仿龙头。

之所以说它不是龙头，是因为它没有依托大级别的价值或事件，它也没有同板块风起云涌的协同效应，它就是某个游资通过囤货控盘，制造出一个外表很像龙头的走势图，如是而已。

所以，它是高仿龙头。

A股中，高仿龙头的最大“工厂”是谁呢？就是某些游资。某些游资对市场非常敏锐，对股性有着妙到毫巅的感知力。龙头股近来那么火，游资绝对不会放过这个绝佳的利用工具。

资金量大的人和资金量小的人，对股市的痛点感受不一样。对于拥有几十个亿的游资来说，他的痛点不是股票不涨。他想让股票涨停或者连续涨停，太容易了，直接买买买就是了。他的痛点是怎么出货，怎么在不大跌的情况下，能够把货出干净。

这个时候，“龙头”突然闪现出来。利用无脑龙头者的龙头信仰，游资可以完美出货。于是，我们看到很多龙头，当形态很好，涨停或者连续涨停的时候，当微信公众号和淘股吧还在继续吹票的时候，股价却突然闪崩。

诸位看官仔细回想一下，是不是今年，特别是最近，很多股票涨得好好的，突然莫名其妙地来个大阴棒，或者直接来个低开闪崩跌停？我们来看看最近的几个案例。

图 20 是顶点软件局部走势图。彼时恰逢万兴科技、盘龙药业尾声之际，一些游资通过在底部精心收集筹码，然后某些无脑者高位吹票，后来一泻千里。

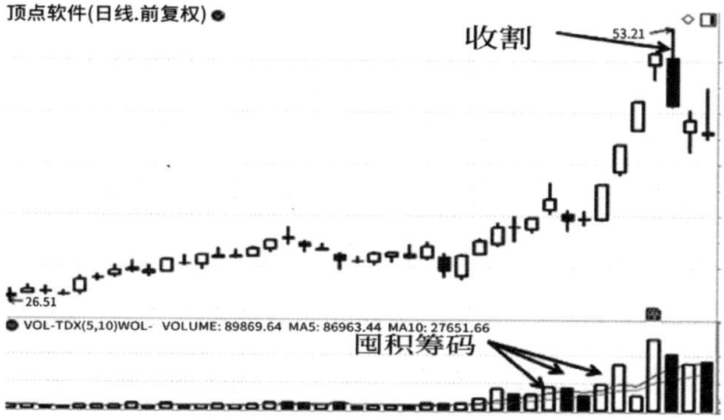


图 20　顶点软件的局部走势图

图 21 是福达合金 2018 年 7 月局部走势图。游资在底部大量囤货，制造一个很像欣锐科技一样的技术形态，然后利用市场情绪和大 V 吹票，顺利高位出货。

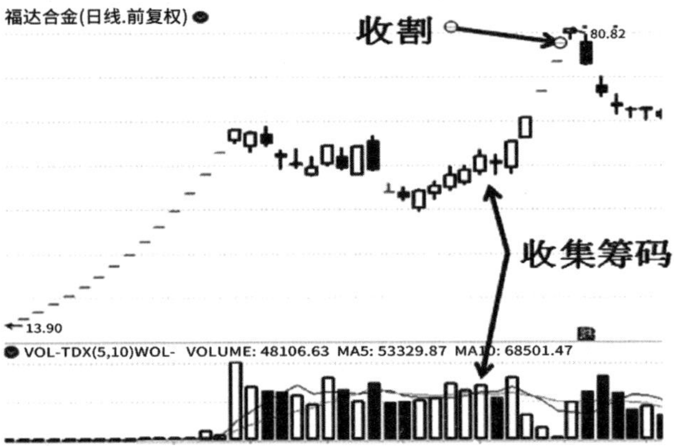


图 21　福达合金局部走势图（2018 年 7 月）

在这里，我谈一点感慨。有些人，不知道是无知还是无能，总是在一个股票将要见顶的时候，大吹龙头来了。对于这些人，我只能送他一句话：被人卖了，还帮人数钱。

最近还有很多案例，我就不一一列举了。很多游资都喜欢这样的行为。这些游资以前很多是超短战法，往往一日游，带着打板思维的粗犷烙印，今天买明天卖。后来资金量大了，同时发现“龙头战法”被市场追捧，于是他们发现了“龙头”的妙用，就开始制造高仿龙头，在某个低位连续潜伏买入几天，然后急速拉 1 ~ 2 个涨停板，吸引市场上的某些半吊子龙头战法来跟风。如果市场气氛好，就坐享其成，一旦市场有风吹草动，就倾囊售出。这种手法在绿色动力、欣锐科技、泰晶科技、汉宇集团上表现得最为突出。

这里，我必须对我的读者说一些心里话：

第一，很多人以前不懂龙头，不做龙头的时候，战绩还可以，一旦做了龙头，反而出问题了。原因在哪里？在于对龙头的误解，其中最大误解就是见到暴涨的股票就幻想是龙头，见到上涨，就想无脑打板。

其实，任何一个方法，都害怕一知半解，龙头战法更是如此。龙头战法运用得好，可以光芒万丈，收益率能够傲视群雄；但是运用得不好就是七伤拳，未伤人，先伤己。

很多人学习龙头，根本没有系统的观念，只是读一两本书，每天对着涨停板的股票就幻想是龙头，或者跟着一些微信公众号和大V，看着别人推荐什么自己买什么，根本没有独立思考的能力。

龙头战法必须具有系统的体系，必须懂得龙头的核心细节，否则，也许你做的是龙头这个词，却不是真正的龙头那个股。而这种人，正是某些游资的收割对象。

第二，龙头战法不仅是一种高智慧的博弈，更是一种独立思考、系统操作的方法，而不是见到板就打、无脑买入，更不是谁涨停买谁。它追求的是那种万马奔腾、一马当先的擒贼先擒王的气势。

但是市场上，很多人买的所谓的龙头股，本质上不具备龙头的内涵，没有板块性，题材级别也非常小，只是某种市场气氛下偶尔的三四个板而已。

在我们的体系里，这种股票不是龙头，只是强跟风股，或者高仿龙头。

第三，龙头战法具体到实战上，核心是选择，选对股票和选对位置。很多人不在选股上努力，反而天天纠结买卖点；更不在恰当的位置去交易，而是任何高点上都敢去追。

选股和选位置，可以说是龙头的最核心内容，是大家秘而不宣的东西。如果还没有把这个东西彻底搞明白，不要轻易用龙头战法。

第四，永远永远保持独立思考，不要看别人推荐的股票炒股，不要听大V的，不要看微信荐股。

如果你没有系统的龙头战法的知识体系，没有龙头的思维方式，别人推荐给你的股票只能加剧你的亏损。你看别人推荐的股票，看淘股吧、微信公众号推荐给你的龙头，你以为别人给你送来美餐，也许你正是他们等待收割的猎物！

需要说明的是，文中的游资不是一个人，而是很多人。当你在用龙头信仰交易的时候，他们就用筹码在你的信仰上赚钱。不是他们没有龙头信仰，更不是他们不知道龙头的价值，而是他们内心深处知道，某某某股票只不过是他们用钱堆起来的一个K线图而已，哪里是什么龙头。

2018年春，我在上海的龙头高级会议上跟到会的朋友分享经验时，曾讲过一个现象：一佛生，百魔出。我曾经问过很多人怎么理解，不同的人，不同的回答，当时我没有给出答案。大家给的答案，我也不觉得有问题，但我内心深处还有另外一种声音和解释：龙头就是佛，非龙头就是魔，龙头一旦降临人间，就有很多假龙头去模仿。真龙头抗跌、领涨，而模仿者只是表面上像龙头，K线图像，但它本质不是龙头，也不是跟风，注意不是龙二龙三这种跟风，而是高仿龙头，仿造龙头样，既没有强大的价值来支持，也没有正统正宗的理由，它只是长得像龙头。真龙有多少，假龙就有多少；佛有多少，魔就有多少，道高一尺魔高一丈。你是为了佛，也许遇到的是魔。这就是我的“一佛生，百魔出”的本意。

读到此处，很多读者应该能够明白我为什么在前面重点谈龙头“四维”，特别是把价值性放在第一位了；也明白为什么我在“五破”中特别提出要破形态的“执”和破技术分析的“执”。龙头贵在真。怎么求真，最好是从价值上求，而不是从图形上求。因为图形可以用钱来造，技术可以用钱来生成，而价值本身必须天然具备，必须是某个上市公司本身具备那个属性。试问，造一堆K线图容易还是造一个有价值的上市公司容易？

我曾经反复强调，龙头规律和龙头现象在任何领域都是对的，无论是政治领域、军事领域还是体育艺术领域，这个规律天然正确。原教旨主义的龙头战法就是从信仰上认可这个规律并坚守这个规律。但这个规律有个前提，那就是龙头是真的，而不是假的。或者这样说，假龙头越少的领域，龙头真实性越容易识别的领域，龙头规律就越有效，那个领域质疑龙头的人就越少，信仰龙头的也就越多。比如政治和宗教领域，其领袖的真实性和易辨性再明显不过。再比如房地产领域，哪些地段是黄金地段，哪些是好楼盘，一眼就可以识别出来，用龙头规律做房地产投资的失误率是很低的。如果某个领域假龙头很多，识别龙头很难，那么，这个领域质疑龙头的人就越多，龙头的争议也就越大。比如今天的股票领域、字画古董领域。

也许我们平常对“真”这个词习以为常，没觉得有多么重要，因为我们在现实世界接触的任何事物真实的居多，一旦有造假的，也容易识别。但是，在投资领域，特别是在龙头股投资领域，假龙头的危害却是致命的，因为龙头是以高价钱买入的。如果我付出了高价钱，却买个假龙头，那就是极大的风险。

“真”这个字，越品越觉得意味深长。道教当中，为什么把体洞虚无、与天合真、同于自然、无所不能的人称呼为“真人”而不是其他？汉字博大精深，美妙绝伦的词不计其数，“真人”这个词到底比其他词好在哪里？《倚天屠龙记》中的张三丰，为了显示其绝世而独立的天外飞仙气质，金庸给他的称号是“张真人”。为什么不叫张大师、张泰斗、张道长、张掌门、张大侠？再如，中医领域最伟大的经典《黄帝内经》，其开篇是《上古天真论》，为什么《黄帝内经》把最重要的位置留给这个“天真论”？“真”这个字，越琢磨越不简单。我们再看看那些由“真”组合成的词：真理、真谛、真知、真迹、真身、真相、真主、真情、真爱、返璞归真、去伪存真、真知灼见、真才实学、真刀真枪、真不二价、真命天子、真武大帝、密宗真言、梦想成真、三昧真火、真金不怕火炼、真善美！

“真”不简单，“真”几乎就是大千世界的正等正觉，内藏乾坤、大道出焉！

那么，在龙头战法的世界里，怎么来寻找“真”呢？

首先，最重要、最安全的证明方法是来自现实世界的证明。你所投资的公司，它在现实世界天然就是龙头，不需要你再去通过资本市场的 K 线图和形态结构去证明。一个公司，如果它通过实业竞争，通过现实世界的打拼成为行业的龙头，那么它假的概率是最低的。比如亚马逊、谷歌、苹果、贵州茅台、腾讯控股，现实世界人人都知道它们是龙头，所以资本市场上也认可它们是龙头。

在投资市场，龙头一花三叶：股权龙头、黑马龙头和白马龙头。股权龙头就是在现实世界去找龙头，就是不需要依靠资本市场就能知道它是龙头。所以，股权龙头派的投资者，最信赖龙头规律，其回撤也是最低的。为什么？它真实性容易判断，假龙头少呀！

试想，造假一个龙头企业，可能吗？

我们看看巴菲特的投资组合，几乎都是各行业的龙头老大，我们不能简单地说巴菲特就是龙头战法者，但巴菲特至少善于运用龙头规律，最相信第一性法则，最信仰买好东西。巴菲特的收益率和稳定性也是最确定的，其回撤也是很小的。为什么？巴菲特投资的企业是在实业界的市场竞争中已经成为龙头的企业，他只需等到安全边际，直接买入就可以了。

国内也有一些做龙头企业的顶级高手，他们的运气和稳定性也是最好的，因为他们根本不用考虑资本市场那些起起伏伏，涨涨跌跌，只要是真龙头，他们就抱着不动。也就是说，实业界的竞争已经提前把龙头真假给过滤了一遍。而资本市场上依靠图形选龙头的那些投资者，得进行多少次真真假假的抉择，才能遇到龙头？在遇到王子之前，被多少青蛙亲吻过？

其次，价值证明，也叫价值加持。我们在讲龙头“四维”的时候，曾经重点讨论过这个问题。很多公司不足以通过现实实业界的竞争成为龙头企业，但是该类公司某个阶段出现了价值重估，出现价值巨变，这个变化足以引起价格的翻江倒海，这个时候市场资金就去推波助澜，从而形成龙头。

注意，这里龙头的形成不是技术分析推理出来的，也不是形态观察出来的，而是价值驱动。价值是根本，图形只是结果，指标仅仅是个参考和验证而已。我们破形态之执和破技术分析之执，就是因为它们容易造假，而价值不容易造假。如果我们的起心动念是价值驱动，那么我们很少会遇到假龙头。

这个价值或者是公司业绩暴增，出现超预期的表现；或者是有了重大的科研成果，产生了新技术或新产品，让市场对其充满希望；或者是重大事件和重大政策，对该公司形成重大利好；或者资产重组让该公司重新有了想象空间。无论如何，一定有一个价值所在，而且这个价值的造假成本很高，或者根本无法造假，只有如此，该龙头才具有真实性，我们才能大胆去拥抱它。

以价值为根本来识别龙头真假，和以现实世界的企业为根本来识别龙头真假的做法，是有区别的。以现实世界企业的竞争状况来识别龙头的做法着眼的是企业的整体价值，看中的是企业在竞争中的龙头效应；而以价值为根本来识别龙头的做法，认可企业的局部价值和动态价值。后者选出的龙头股也许不是现实世界的龙头企业，但在某段时间内，其自身的价值发生天翻地覆的变化，也被认可为价值加持。所以，很多时候，后者炒作的标的好像不是什么数一数二的企业，但如果仔细推敲，该公司的价值确实正在发生变化。

二者都认可价值，后者对价值的多元性和动态性更看重一些。

具体到股市实战中，价值加持要求我们多看公告，多研究企业价值的变化，多看行业的基本面和国家政策面，把发掘龙头的原点放到对企业价值的挖掘和解读上，而不是把精力放在技术分析和各种图表上。如此，才是原教旨主义的龙头做法。

现实的逻辑、价值的逻辑从两个不同的角度去为龙头的真实性保驾护航。现实的逻辑回归朴素和根本，价值的逻辑从动态跟踪企业的发展。这两个方面必须具备其一，龙头才能真实可信。如果一个都不具备，这个龙头是要打个问号的。其实，这两个角度可以归纳为一个核心，那就是：龙头根本不可能造假，或者造假成本太高，一旦出现，就是真的。

还有没有其他角度和方法来判断龙头真假？有。但是，没有这两个重要和根本。其他判断龙头真假的方法都属于比较当下的方法，属于一些局部的小窍门，也许过两三年就失效了，所以就不在这里单列。上面列出的两项标准，可以说是永恒的、亘古不变的。

需要说明的是，我给出的判断龙头真假的维度和方法，是一些原则性和纲领性的东西，大家可以根据自己的知识结构和思维习惯，去探索一些局部的、细节性的东西。

我在这里提出龙头真假问题，最重要的目的是引起大家对真假这个维度的重视。在龙头战法体系里，真假问题应该是第一敏感的问题。龙头战法容许买高一点，但绝对要防止买假。适度买高可以接受，但买假问题就严重了。很多人看股票，做投资，就知道指标、公式，殊不知对股市根本逻辑的领会更重要。真假这个问题，如果通过痛彻肺腑的教训达到心领神会，顶得上 100 个技术指标。希望大家认真品悟。

过了龙头真假关，我们就锁定真龙头了。一旦锁定真龙头，就要毫不动摇地坚持龙头信仰。龙头一旦为真，其规律必然起作用。那就是强者恒强，碾轧一切，高溢价性，高安全性，高利润率。此时，我们就可以用美妙的文字赞美龙头了。正如冯唐版《飞鸟集》：

夜雨下
风乱刮
我静观摇曳的树枝
我静思所有事物的伟大

在真龙的世界里，我们可以无限地静思龙头的伟大，沐浴龙头之光，感受第一性事物的威力，享受龙头的溢价。

# 10 龙头的位置理论

且别顾着享受，原教旨主义的龙头战法还有一关要过：高低关。

高低关就是位置关，即空间高度的拿捏。

龙头战法并不等于发现真龙就买入，更不等于无限追高。这个道理就像价值投资者并不是见到有价值的股就买，一定要等到合适的价格，即要有足够的安全边际。

正信正念的龙头战法也讲安全边际，只是很多人不知晓，而真正知晓的人则把这东西视同武林秘籍，秘而不宣。我们在媒体上和一些大 V 的传播中，看到关于龙头股战法最多的就是如何克服恐高症，如何拼胆量，如何坚持龙头信仰，给外人的感觉好像龙头战法者是一群群情激昂的赌徒。其实这是对龙头战法的极大误解。

龙头战法是高级的博弈智慧，对高低的拿捏比其他任何投资流派都重视。真正的龙头战法圈子里的人，无时无刻不关心两个问题：一个是真假问题，一个是高低问题。因为龙头战法最容易在这两个地方出问题。

社会上很多人对龙头战法的理解严重错误，好像龙头战法就是等于追高，就是要勇敢，甚至越高越买，不如此就不是龙头信仰。这种认知荼毒了很多股民，也荼毒了他自己。信仰不是比胆量，而是比智慧；信仰不是偏信，而是正信。龙头股和其他股一样，不因为是龙头就可以无限追涨下去。投资的本质是低买高卖，这一原则不因龙头战法而改变。无论什么噱头和价值，当股价严重透支的时候，就不值得去买。

龙头战法领域鱼龙混杂。因为龙头一词比较绚丽美妙，也因为龙头战法比较热，于是乎很多以前奉行其他投资方法的，比如打板的、超短的、技术的、指标的、坐庄的、跟庄的、筹码的、均线的等等，都混入到龙头的阵营里，因此也出现了很多流传很广的错误名言。比如：龙头的每个板都是首板，要敢无脑打板龙头，树可以长到天上去。龙头战法之所以充满争议，就是因为很多这样不负责的言论混淆视听。

任何不考虑高低的投资理论都是错的，任何不顾位置的投资都是赌徒，任何没有理性思考的热血口号都是投资领域的盲从者。真正的投资是冷静的、理性的、充满智慧的，龙头战法理应是所有投资流派中最理性的、最智慧的，如此才能不枉称龙头战法。

那么，什么时候叫低，什么时候叫高，什么时候叫正好，这就涉及龙头的位置理论。位置理论是专门用来做空间估算的。这个理论很多人不愿意讲，避之不谈，因为它太机密了。高度问题是龙头的第二个命根子。下面我就跟大家谈谈这个问题，重点谈两点：第一点是高和低，第二点是位置定性。

## 高和低的问题

高和低是交易者的命根子，如果其他条件不变，能买低当然尽量买低，能低一分就尽量不要高一分，毕竟成本优势是天然的优势。

但在龙头战法的世界里，这个问题发生了变化。投资除了低这一个逻辑之外，还有其他逻辑。其中，买得好，买得对，就是另外一个重要的逻辑。

举个例子，面对两种选择，一个是物美价廉，一个是物美价高，请问你选哪个？我相信绝大多数人都会选择物美价廉。但为什么绝大多数人成功不了呢？因为绝大多数人的选择往往不是正确的选择，真理掌握在少数人手里。

试问，这个世界上真的存在物美价廉的东西吗？试问，如果一个企业生产的东西非常好，但价格非常便宜，这样的商业模式好吗？在世界500强中这样的企业占的比例高吗？

当然，随着互联网的崛起，物美的东西，其价格在降低，因为互联网降低了流通成本和中间商的盘剥。但价格再怎么降低，物美的东西的价格还是应该超过物差的，这个逻辑不会改变。

广州被誉为美食之都。平时我比较注意观察身边的饭店，慢慢地发现一些很奇怪的现象。有很多饭店做的东西很好吃，料也很足，价格还便宜，按理说这样的饭店是良心饭店，物美价廉，理应成为百年老店。但很多这样的饭店开不久就关门了，没过一年就又换成另一家，像走马灯一样。记得2018年夏天，我公司所在的写字楼三楼，有一家自助餐厅，每人15元，提供的食品样样齐全，鸡、鱼、虾应有尽有，光例汤就有三种，还有各式蔬菜和水果，每次我去吃都大呼过瘾。但直觉告诉我，这家饭店久不了。

结果没有三个月，餐厅就关门了。逻辑很简单，违反常识。不赚钱的生意能维持多久？

饭店如此，企业更是如此，一个企业如果产品很好，价格很低，其利润就会很少，试问它怎么留住优秀的员工？怎么吸引优秀的人才？怎么有足够的利润做研发？怎么对抗不可预测的意外风险？

比起物美价廉的奢望，我更愿意接受物有所值的逻辑。好东西就应该贵，或者贵的东西品质更有保证。

这个逻辑，就是龙头股的逻辑。

我从来都是抱着高价钱买高品质东西的态度，不奢望以低价钱买高品质的东西，就是因为我骨子里是龙头思维。在龙头战法的世界里，我们要购买的东西好不是简单的高品质，而是第一高的品质，是极品，低价怎么可能买得到？

这个逻辑通了，高和低的逻辑就通了。

我们曾在前面讨论过高和低的问题，并举史玉柱的例子来做说明。我们前文也提到，龙头天然就是高空作业。为什么要在高空作业？还不是因为高空更容易发现它，更容易识别它强，更容易确定它是龙头？

矛盾就在这里产生了。股市的本质是低买高卖，如果你有成本优势，你就占据了天然优势。龙头呢，则需要一定的高度才能识别，没有高，往往发现不了龙头。那到底是该高还是该低呢？

这对矛盾，是龙头战法里最棘手的矛盾，应该怎么解决？

我的回答是：既要买得高，又要买得低。

毫无疑问，龙头战法首要解决的是买得高的问题，不高举高打、不追着买、不敢拥抱第一性，根本谈不上龙头信仰。

很多人在做龙头战法的时候，第一个拦路虎是恐高，不敢追着买，总有占便宜心理，总想买低一点再低一点、便宜一点再便宜一点。

这是跟龙头讨价还价，这是典型的“物美价廉”心理，这是龙头战法的大忌，因为高才是龙头的常态。

所有已经幻化成龙的东西，无不经历过厮杀角逐，最后的胜出者，当你仰望它时，它已高高在上，君临天下。在股票市场上，这种情形就是创新高，就是突破，就是连板，就是结成势力，就是“已经”涨很多了。这种情况下我们该怎么办？

绝大多数人的“正常思维”一定是等它回落再买。问题是，它能回落吗？如果它真的回落了，它还是龙头吗？

真正的龙头信仰，见到呼啸而来的领涨股票，不是抱头躲闪叶公好龙，而应该是迎头赶上，分一杯羹。

如果此时它跌了怎么办？跌？我们不是已经用龙头“四维”和“五破”来做风控了吗？我们不是已经用龙头真实性去为安全性护航了吗？此时，是应该拿出信仰来的时候了！

患得患失，首鼠两端，此乃大忌。花开堪折直须折，莫待无花空折枝。

高是强的证明，高是龙头的主要特征；涨才是好东西，涨才是龙性。如果一只股票的根本属性不是涨，你要它何用？

那是不是一直追高下去？非也！所以，第二个问题就来了，还要买得低。矛盾就矛盾在这里。又要买得高，又要买得低，怎么可能？

就是要变不可能为可能！

高和低，是问题的表象。我们说买得高，是常人眼中的高，比如已经涨了 20% ~ 30%，甚至已经有 50% 的涨幅了。但，如果我们从整体上来看，该股可能会有 100% ~ 150% 的涨幅，或者虽然已经涨了很多了，但估值还很低，那么此时的“高”就是假高，只是群众眼中的高而已，本质上，它还处于“低”点。也就是说，我们不要站在今天看今天，更不要站在昨天看今天，我们要站在明天看今天，跳出有限的狭窄的框架，进入大开大合的无限疆域。

跳出原点，放眼整个空间，从全局来定义高低。只要股价还处于全局的下部、中部，无论它相对于群众有多高，无论它相对于过去有多高，它都还处于低点。这种大局观，才是高低的准绳。领会到这一点，就既能做到买得高又能事实上买得低。

龙头战法本质上，不是喜欢高，更不是无限追高，而是对高和低的定义不一样。

除了整体法定义高低之外，还有另外一个层面的定义，那就是先后问题：能把买点抬高，然后再降下来，和一开始就喜欢低，是两回事。

很多人在实际股票交易中，都会经过这样一个心路历程，最初喜欢追高，喜欢上涨的股票，受伤后就害怕高了，于是又喜欢低，后来又发现低也不一定能解决问题，该亏还是亏。既然高和低都解决不了问题，那该怎么办？龙头战法给出的答案是：拥抱强股。强股大多是高的。我们要高的目的不是喜欢高本身，而是通过高来发现强。如果能发现强，就可以不要高，就可以越过高，就可以越低越好。

先把买点抬高，然后再试着把买点降低，背后是有大讲究的。无高，则无龙性；无低，则无利润。高处着眼，低处着手。

估计有的人被这种辩证关系绕糊涂了：到底是要我高还是要我低？

别急，听我慢慢道来。因为这里涉及高低的第二个层面的认知。

给大家讲个故事。《三国演义》中的谋士贾诩，天生奇才，被誉为"毒士"。有一次曹操撤退，张绣想去追击偷袭，贾诩劝他不要去，张绣不听话，结果被曹操打败。当张绣灰头土脸地回来，贾诩说，你现在可以重整旗鼓，再去偷袭追击，这次保证你必然能赢。张绣被搞蒙了："你刚才不是不让我去吗，怎么现在又让我去了呢？"贾诩说："机不可失，偷袭要紧，等偷袭成功回来我再跟你解释。"于是张绣又去偷袭，这一次偷袭果然得逞。张绣一回来，还没有来得及喝口水就立即请教贾诩，这到底是怎么回事？

各位读者，你们知道这是为什么吗？

请自己去《三国演义》里找答案。在这里我只是借用贾诩一个思维：同样的事情，第一次做和第二次做，意义有可能完全不一样。把买点先抬高再降低，和一开始就喜欢低，完全是两回事。

一开始的高，是为了求龙性，求第一，因为没有高，就无法证明它是领涨的，就无法证明它的第一性。而且，追高是龙头战法的必然心路历程，否则谈不上龙头信仰，谈不上拥抱第一性的事物。后来的低，是为了追求成本优势，因为解决了龙性之后，降低买点就成了主要矛盾。

高和低的关系，让我想起了内家拳的拳理。内家拳特别讲究站桩，形意八卦太极，无不把桩功看得特别重要。站桩的时候，师父一会儿让放松，一会让紧。有时候我会问师父：到底是松还是紧？师父会说：既松又紧。如果完全放松，什么功夫也出不来。我们在生活中什么时候最松，睡觉最松。哪个人睡觉睡出功夫来了？所以，必须紧。但如果太紧了，也不行，因为气血不畅，神经太绷。那到底该怎么办？应该是先紧后松，紧中求松。如果不是先紧，松就是泄，就是吊儿郎当；如果紧后忘记了松，紧就是拙，就是憋，结果是灵气尽失，气血阻塞。所以，内家拳既讲究紧又讲究松。这一松一紧，就跟我刚才阐述的高和低一样。必须先高后低，高中求低。高是过滤强弱的工具，低是寻求安全和利润的法门。能领会矛盾背后的统一，能辩证地运用，就领悟了高和低的精髓。

我案头放着一本邱国鹭的书，叫《投资中最简单的事》，书中有个思维与龙头战法不谋而合：数月亮，不数星星。一个行业竞争到最后，会出现一个胜利者，即行业龙头，这个时候再去买那个龙头，不但不晚，反而确定性是最高的，因为天上只此一轮明月。如果一个行业正在竞争，鱼龙混杂，不要提前指定谁是龙头，因为此时行业内的企业多如牛毛，如浩瀚繁星，你怎么数得过来？

追高就是数月亮。虽然当月亮出现时，股价已经涨得很高了，但龙头信仰认为，此时买入，还能涨得更高，也许更大级别的上涨才刚刚开始。当然，这个行业不能是夕阳行业，股价不要严重透支。

求高，其实是求定龙的窍门，高处定龙，才能提高确定性。

但，不能无限求高。如果过了定龙关，又掌握了其他更多维度来判断龙头，再把高当成唯一的定龙标准，那就太刻舟求剑了。此时应该多维定龙。

既然多维定龙，就可以把追高这个维度降低，就是不通过追高，或者尽量压低高度，也能确定龙头，此时就是我所说的再把买点降低试试。谁也不会天生跟成本过不去，谁也不会天生就喜欢高处的股票。

这就是关于高和低的辩证认识。各位看官，知否，知否？

这个问题太重要了，也有点烧脑，我就再把逻辑梳理一遍：

首先，跳出原点看高低，高低不是静态的高和低，而是站在整体框架和未来框架去重新定义高低。在这种框架下，追高有时候不是在高处买，而是在整体框架的低点买。

其次，坚持龙头信仰。敢追着买股，买最有上涨气势的股，彻底解决内心深处的恐高症，彻底拥抱强势的事物，知行合一。

再次，超越高和低，一切的目的是奔向强，奔向第一性事物，不再纠结是高处买好还是低处买好。

最后，定龙水平提高后，重新把自己的买点降下来，能够在低处就发现龙头，不再刻舟求剑在高处等它。

这才是高和低的辩证认知。所以不要问我是喜欢高还是喜欢低，高和低我都喜欢，又都不执着，我只喜欢强。

为什么花那么大的力气来反复阐述高和低？因为这是龙头战法中最容易被误解的，也是最难把握的。外界很多人一提起龙头战法，好像就是追高战法，就是亡命之徒。在这里我给龙头战法正名，也给对龙头一知半解的人破执。龙头不是追高，龙头是选择强的智慧，而且是选择最强的。不辨强弱去追高，不从整体格局上去看高低的追高，那不是龙头战法。龙头战法的门人也不要被别人洗脑，龙头并不是见到谁高就买谁，龙头的核心是定龙，高只是定龙的一个角度。如果能在定龙上下功夫，定龙水平高了，可以把买点无限降低。能高能低才是龙头战法，能紧能松才能练出真功夫。我曾经跟很多学习龙头战法的学生讲，谁说龙头一板二板不能定龙？谁说一定要等到四板五板才能定龙？你看看淮海中路是在几板定龙？你看看银河证券绍兴路在几板定龙？这些大佬无不能高能低，上天入地。

## 位置定性

在讨论高低辩证关系的时候，我们反复强调“整体框架”和“全局”观念，因为高和低不是由原点位置决定的，而是由整体和全局决定的。

高和低的辩证关系，着重强调的是变，是相对性。那么高和低就没有一个绝对的说法吗？下面我们就着重讨论这个问题。

回到整体上来，股价虽然无法从定量上精准确定，但可以定性。定性什么？定性是不考虑你怎么变、相对性如何，高就是高，低就是低。

这就涉及定性法则。

我们前面曾引用过《大学》中一句话：

物有本末，事有终始，知所先后，则近道矣。

这句话的内涵很丰富，我从中揣摩出“以终为始”的思想。知道终点，再去出发。知道目的地，再去规划路线。这种思想非常伟大。

在股票市场上，很多人根据昨天来做今天，而不是根据对明天的判断来做今天。买卖股票的依据是 K 线符合某个特征，形态符合某个战法，均线上穿什么了，指标到了，等等。这种方法不一定是错的，但是维度上不够高，因为过去占的比重过大。

有位中国的投资者问索罗斯对以前的中国是什么印象，跟今天比有什么不一样。索罗斯的回答大意是：他忘了，他的精力主要放在思考明天上。

根据明天来做今天和根据昨天来做今天是两种思路。前者的核心是锚在未来，后的核心是锚在过去。

巴菲特也有他的锚，那就是他反复强调的内在价值。如果内在价值离现在股价很远，说明还有很大的空间，可以大胆买入；如果内在价值跟现在公司的价格很近，或者价格已经超过了内在价值，此时无论公司再好，无论再符合某某某理论和战法，也不能买入。

关键是怎么计算内在价值？怎么知道明天在哪里？

巴菲特的回答散落在好几个地方，其中有两处的回答让我觉得很有意思。

第一处：

有人问巴菲特，如何计算企业价值。芒格抢话说："我从未见他在办公室用计算器计算企业价值。"巴菲特倒是很幽默："有些事情是要私下做的。"

巴菲特还说："没有一个能计算出内在价值的公式。""我们只是对估计一小部分股票的内在价值还有点自信，但也只限于一个价值区间，而绝非那些貌似精确实为谬误的数字。评估一家企业的价值，部分是艺术，部分是科学。""自称能够估值的人一定对他们自己的能力有着过于膨胀的想法，原因是估值并不是一件那么容易的事情。"

后，又有人问巴菲特："你能不能点醒一下我们投资时是怎么决定内在价值的？你是用什么样的数量方法？"巴菲特回答："我明白你的问题，但装不明白，由查理来回答。"芒格接话说："在尝试决定内在价值、安全边际时，没有一个简单的办法。你需要多重方法，我觉得你成为一个出色的投资者不会比你成为一个鸟类专家来得快。在我理解，此类问题根本没有答案，从一年到一代甚至更久远的岁月，思考的哲学体系完完全全不一样……每个人的答案完全取决于自身的天赋和思想的极限……"

第二处：

巴菲特曾说："很多企业，查理和我完全不懂该如何评估它们的价值，但这一点也不会让我们烦恼。我们不知道可可豆或者卢布以后的价格走势，对于各种各样的金融工具，我们也不觉得自己掌握了对其进行估值的知识。

"当我说懂时，我的意思是，你非常清楚10年之后公司的情况将是什么样的。我对许多企业的理解都不足以让我产生这种信心，不过有少数几家企业可以。幸运的是，就像你说的那样，我只需要真正懂几家企业就够了，可能是6家或8家。"

巴菲特的话信息含量很大，我在这里也不去解读他全部的意思，只开展与位置定性和以终为始有关的讨论。

很多人可能会问，你讲的是龙头战法，怎么喜欢引用价值投资代表人物巴菲特的话？因为我觉得投资做到最后，都是相通的。虽然我是龙头战法的启蒙者和实践者，但我本人特别喜欢阅读价值投资的文章，能从中得到很多启发和智慧。记得有段时间，我反复思考一个问题：怎么做龙头的空间估值，怎么给一个龙头股的未来定性。我曾给过自己很多答案，也参考过很多技术方面的书，还有黄金分割之类的测算法，但都不是很满意。有一天我看到巴菲特上述一番话，内心突然一颤：通了！虽然直觉告诉我，巴菲特有很多秘密没说，但我觉得这已经让我够用，让我对未来的“理解力”有了质的升华。有些东西语言表达不出来，只能意会。

巴菲特的话至少让我思考三个问题：

其一，起心动念在未来，要从未来定义现在，以终为始。巴菲特是看十年的未来，那我们做龙头的，虽然看不久远，至少应该看一个月的未来吧，再短至少看 10 天吧，极限也应该看 3 天的未来吧。无论如何也不能只看今天，甚至仅仅根据昨天来做投资。

其二，看未来无法精确，无法定量，只能大致正确。这和我说的定性认知是一样的。关于未来怎么估值，终点在哪里，股价能涨多高，谁也无法给出一个具体的答案。但，不能定量不代表不能定性，更不代表不能去展望。

其三，看懂未来很难，我们不需要看懂每一个企业、每一只股票的未来，只做能看懂的那几个企业的未来就可以了。

沿着这种思考，我进一步去探索龙头股的未来，探索怎么贯彻以终为始的思想。

第一，必须跳出现在，用未来定义对错。

很多人做龙头，往往根据今天的K线特征、分时图特征来做决策，比如弱转强、超预期、盘口好、分时图强等等。但所有这些，如果没有未来做担保，都是蜗牛角上争长短，局部的最优有可能带来全局的最差。所以，该放弃的就大胆割舍。可以这样说，目前市场上很多人做的所谓的龙头战法，其局限性在于根据目前的特点做决策，没有未来视野。

第二，未来只能定性，模糊正确，不能定量。

一只股票未来能涨多少，谁也无法测出。巴菲特测不出，索罗斯也测不出。未来虽然无法测出，但却不能不对未来进行研究。在投资圈里，有两个问题争论得比较厉害：一个是要不要预测未来，另一个是未来能不能预测。在这里我不想陷入这种理论争论，只从实战的角度谈谈我的看法。

无论我们在理论上持有何种观点，只要是实战家，在股票投资过程中就不可能完全走一步看一步，应该对股价的未来有个展望。这种展望既是预测也不是预测。说其不是预测，是因为无法定量；说其是预测，是因为可以定性。比如，到了某个位置，觉得高了，这就是定性，至于高多少，是否就一定不能涨了，这是定量。

这个道理可以用下面的事理做类比。假如人类的平均寿命是 75 岁，我们可以给人做个基本的定性，13 岁以后 20 岁以前叫青少年，20 ~ 40 岁叫青年，40 ~ 55 岁叫壮年，逐步接近 75 岁，就是逐步接近老年。年少时应该做年少的事情，狂野、叛逆；青年就应该敢闯敢干；壮年就应该成熟、持重；老年就应该保守，安享晚年。

但这只是定性认知。当我们遇到一个 70 岁的人，你不能断定他很快就日薄西山，也许人家能活 98 岁；遇到一个 35 岁的人，你也不能断言他的大好前程刚刚开始，也许他三十六七岁就挂了。这是无法通过精确计算来定量的。

但定性认知是可行的，70 岁就是老人，35 岁就是年轻人。单只股票什么情况都有可能发生，但从总体而言，一只股票股价的高低是可以定性的，高了就是高了，低了就是低了。当一只股票连涨三个板的时候，此时它也许明天挂了，也许还能再涨一倍，但定性认知告诉我们，如果它是龙头，它应该还处于底部；如果它不是龙头，也许马上就要调整。

也就是说，面对一只股票，我们无法判断它的定量高度，但是我们总应该知道它是“年轻人”还是“老人”，它未来的上涨空间还有没有想象力。

当一只股票被定性为“老人”的时候，此时无论它是什么龙头，追高低吸都不要做，因为定性已经告诉我们，此时此刻应该“安享晚年”，该出货了。出货后，它也许会莫名其妙地再涨几天，我们不应该有任何后悔。现实中，能活到 120 岁的也大有人在，但 80 岁就安排身后事，也绝不是错误之举。举个例子。

恒立实业在壳资源价值重估的浪潮中旱地拔葱，掀起惊涛拍岸般的主升浪，见图 22。当时，该股一口气拉了 15 根阳线，然后股价进入休整期（见图中方框部分）。此时，无论这个股票出现多符合你战法的特征、模型和分时图，都不应该去再买一股。为什么？因为这个地方是“老人中的老人”了。

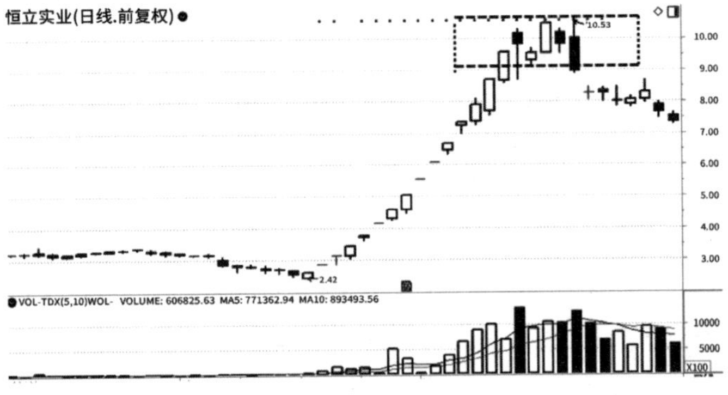


图 22　恒立实业局部走势图

这个案例的道理显而易见，但是现实中却有很多人犯糊涂。有的人喜欢研究盘口，有的人迷恋分时图，有的人迷恋首阴，有的人对均线情有独钟，这些人甚至把这些细节视为绝密和法宝。但是，当一只股票定性为事实上的高位，被判断处于“老年期”时，任何细节和绝招都是错误的，唯一应该做的就是放弃它。

也许它还涨呢？这个假设能成立，特别是在牛市中。但是，龙头是做主升浪的，主升浪完了，我们的任务就完成了，至于还会涨，那也是休整之后的事情了。

我这里举的例子比较极端和典型，股市实战中情况往往很复杂，很多时候对股价定性没有那么容易，但定性的思维一定要存在，一定要把股票的位置像人的年龄一样来看待。刚刚主升的股票，就不要太担忧风险；高位的股票就不要太奢望用强者恒强。正如年轻时，就不要太佛系；暮年时，就不要再迷恋激情和极限。

现实中，还有一种更复杂的情况，那就是无论我们如何去给高度定性，也很难定性清楚未来的空间，或者有人说，我很笨，很多股票我定性不了空间。这该怎么办？这就引出第三点。

第三，只做能定性的股票。

我们不需要对每一只股票都做清楚的定性，我们只做我们能够定性的。这也是巴菲特的“能力范围”和“看得懂”的意思。

就拿我本人来说，有的股票我真的看不懂，其上涨逻辑我无法通晓，但是它就是噌噌往上涨，这个时候应该怎么办？我通常的做法是放弃。因为不知其始，肯定也不知其终，始终都不知道，参与其中不就是赌吗？

我认为，股票的机会是无限的，错过一只龙头股，也许几个星期后还会再来一只，急什么？这个世界上没有任何股票你不能错过；人生中却有很多人，一旦错过，将永远遗憾。

股票的机会那么多，每天复盘时只去寻找自己能定性的、跟自己有缘的股票，一旦锁定目标，重仓杀入。这才是我心中的龙头战法：眼光毒辣，能舍能得，手段霹雳。

这就是我对股票高度的定性思考。有人会问：有没有公式和指标？答曰：难道思考的深度不比公式和指标更重要吗？

青泽有一本书叫《澄明之境》，里面提到“人为市场立法”。这句话不同层次的人理解不一样。具体到我们讨论的未来定性上，我认为未来能涨多高，需要我们自己为未来“立法”。未来的空间定性，应该是每个人以自己的价值观和理解力来“为未来立法”，而不是要一个放之四海而皆准的公式和指标。

我在实战中常用的空间定性方法未必适合大家，再说，它这一两年适用，未来未必也适用。我在这里还是尽量引导大家思考的方向，为大家打开发散性思维的大门，而不是直接给大家一个机械的答案。

# 11

# 龙头的黄金博弈

龙头的真假问题和龙头高低位置解决了，我们就得到四对组合：

真龙头、低位置

真龙头、高位置

假龙头、低位置

假龙头、高位置

## 假龙头、高位置

第四组组合——假龙头、高位置，是我们应该放弃的。这个组合是龙头战法最致命的问题。但这个组合往往最被一些普通的龙头战法者追捧，很多做龙头战法的人，就喜欢看到谁最高买谁，而真假问题被忽略了。股价涨得高高的，但它不具备龙头的“四维”，也许它是一只庄股，也许它是请君入瓮的一只套利股票，一旦你进去，风险无限。假龙头且高位置，是龙头战法最可怕的风险，也是龙头战法的信奉者最容易出现重大回撤的地方。这个问题不解决，将永无宁日，这种情况下做所谓的龙头，只能是人为刀俎我为鱼肉。

我私下跟很多人交流，发现那些龙头战法者出现重大回撤，往往是折在这个问题上。很多人对龙头战法有非议和争论，也是出现在这个地方。龙头战法最需要防的就是假龙头且位置高。

高不是龙头的本质，龙头的灵魂首先要“真”。如果“真”有疑问，那么高一分就多一分的祸害，那种高就是风险。仅仅看到高，看到股价暴涨，而对其真假不谨慎地加以辨别的话，是最容易翻车的。很多人做龙头战法大起大落，本质上就是这个问题没有解决。

## 假龙头、低位置

第三组组合——假龙头、低位置，跟第四个组合比，位置降低了。有人说，这下应该安全了吧。不！龙头战法首先得是龙头，如果不是龙头，高低都与我们无关。假龙头、低位置，其实就是杂毛战法。这个问题跟第一个相比是有区别的，上面一个问题是识别龙头错误，误把位置高能涨当成龙头，其内心还是龙头之心，只是不得其法；而这个问题呢，本身就喜欢低，喜欢便宜，同时又识别错误，往往连龙头之心都没有。

## 真龙头、高位置

第二组组合——真龙头、高位置，是当下龙头战法最常见的问题：我知道它是龙头，但是已经很高了。龙头战法的普及带来了交易的一致性，很多龙头股一旦出现龙头的势头，就容易出现连续的一字板，等可以买到的时候，位置就已经很高了，此时就是“真龙头、高位置”的问题。这个时候我们该怎么办？

这个时候真实性问题已经基本解决，关键就是对这个龙头的高度进行判断，即空间估值问题。如果我们估算出来的空间比现在高，那么目前的所谓高位置就不成问题，此时依然可以大胆地去买。如果空间估值告诉我们，位置已经接近终点，那么我们就应该放弃这个龙头的交易机会，因为“夕阳无限好，只是近黄昏”。

这个问题本质上是取舍问题，龙头战法并不是见到龙头就买，而是看龙头还有没有交易价值，有没有临近它寿命的尽头。

那么，空间估值怎么估算呢？我们上面曾分析过空间问题。其实这个问题没有一个标准答案，对空间的期望跟每个人交易的期许有关，跟你对市场的认识有关，并不存在一个绝对公式和指标，可以测算出一个数学值。而且，空间估值的高度也不是一成不变的，更不是一个绝对数，而是一个相对值。市场气氛不一样，周期潮不一样，题材级别不一样，板块效应多寡不一样，其空间估值高低就不一样。没有一个放之四海而皆准的具体东西，关键是我们要树立这种思维和意识，认识到龙头的空间概念和位置取舍。

## 真龙头、低位置

第一组组合——真龙头、低位置，是任何一个龙头战法者梦寐以求的机会，也是至高无上的追求。龙头认得准，又买得低，多么惬意呀！这也是上文我们反复阐述的把买点提高后又能降低下来的问题。那么低到什么地方呢？

最理想的状态是刚刚启动的时候，即第一板，拐点的地方，腾飞的地方。如果能练出在第一板就能看出龙头的眼光，那无疑是龙头战法的登峰造极之境。关键是，第一板往往会淹没在一片涨停板的汪洋大海里，很难在第一板看到它。每天涨停板的股票很多，第一板通常会鱼龙混杂，所以，在我的体系内，我把第一板定义为混沌板，因为一板常处于混沌状态。而龙头战法又不同于涨停板战法，它不以打板为主，一板对于做龙头的人来说，往往是观战状态。上文说过，龙头必须有一定的高度才能识别，第一板是没有高度的，在第一板做龙头确实不是龙头战法的常态。

但在非常态下，或者在给定条件下，一板是可以看出龙头的。给定的条件是什么呢？一是题材识别，二是形态结构识别，三是分时图的小窍门。我曾经接触过一些顶级的民间高手，他们有的就可以做到第一板定下龙头。如果我们仔细观察龙虎榜，也会发现有的游资能够在第一板定下龙头。在亚夏汽车、七一二、四川双马、三江购物、中国中车等龙头身上，我都发现很多高手是在第一板就开始做它了。对于普通的投资者，这个水平很难达到，尽量努力去追求吧，毕竟低一天就多一天的先手优势。

其次是第二板定龙头。二板是龙头战法的重要战场，很多大游资都喜欢在涨停板基础上选股票，因为经历了一板后，可以认真分析谁强谁弱，可以有足够的思考和准备时间，可以认真分析该股背后的基本面、题材面和市场地位。最关键的是，二板的位置既不高也不低，处于谷底，又处于接力的关键点上。

再次是三板四板。三四板就相对抬高空间了，这个时候对于很多人来说已经高了，但是对于做龙头的人来说，此时可以接受，因为我们内心的大龙头，基本期许是放长击远。三四板是一个既佛又魔的地方，佛魔分界点，如果再高了就不是“真龙头、低位置”组合了。对于大级别的龙头股，一旦识别准，三四板也不要放过。但对于拿不准其真实性的龙头来说，三四板就接近风险区了。

三四板往上，不是“低位置”了，也就不在这个组合分析的范畴了。

以上是把龙头最重要的两个维度“真实性”和“空间性”进行组合分析。二者组合得出一个最佳博弈——真龙头、低位置。这个博弈就是龙头战法的黄金博弈。本书倡导的龙头战法，一定要有取舍思维。即使是龙头，也不是见到就做，而是有取舍地做。所谓龙头信仰，如果没有取舍，还叫信仰吗？我们要取那种最有利于我们的龙头、风险最低的龙头、最值得博弈的龙头，即“真实性高且位置低”的龙头，放弃其他博弈。

怎么知道一只股票是真实性高且位置低的龙头呢？这个问题我们换个思路：我们只做那种在低位出现龙性的股，放弃那种高位出现龙性或者龙性不确定的股票。这里面的本质不是水平问题，而是取舍问题。高手拼技术，大师懂进退。取舍，就是进退。

当然，严格贯彻这个思路会放过很多好股票，甚至会放过很多龙头股，但为了风控，放弃就放弃了。炒股不是比谁精彩的交易做得多，而是比谁愚蠢的交易做得少。

# 12

# 一花三叶，一龙三脉

至此，本书详细地阐明了龙头的风险性、龙头信仰、“四维”、“五破”，特别是龙头的真实性和位置性。这些都是“大是大非”问题，把它们解决了之后，我才敢放心大胆地把大家带到龙头之地。可以这样说，本书至此往上的理念和问题不彻底“扫荡”和解决，龙头战法只会未伤敌、先伤己，收益率只能是大起大落、大摇大摆；而过了上面的关，我们就可以说自己是真正的龙头战法了，而且是纯粹的、朴素的、回归正朔的，甚至是原教旨主义的；同时也是智慧的、理性的、冷静的，甚至是老谋深算的。然后我们就可以畅游在龙头的世界里，“恣意妄为”“无法无天”了。

下面我就带大家进入龙头世界。

本书一开始，我就介绍到了龙头在A股沿着三条路径往纵深发展，一花三叶，一龙三脉。这里，我们把该逻辑详细展开来介绍。

## 股权龙头

如果没有股市了，还有龙头吗？

当然有！股市才多少年的历史？没有股市之前，人类社会各个领域早已存在龙头现象和龙头规律。龙头甚至先于人类社会而存在，阳光普照，万物生长，动物竞争繁衍，植物进化演变，无不存在龙头规律。

如果股市关门了，或者股票被摘牌了，还有龙头战法吗？

有一派的回答是：有。

这一派把股票当成公司的一部分，而不是股票市场的一部分，这就是从股权上去思考投资。这类投资哲学思考的是投资标的在现实世界的价值，而不是在股票市场的表现，它们是私募股权投资（PE）的思维，甚至比PE的思维更加朴素，因为更多PE都想着上市套现。而这类投资的思维是拥抱伟大公司，与之共舞。

股市只是让股权流动和变现的方式之一。如果你抱着随时想卖想变现的思维，当然股票市场给你提供了便利；如果你抱着与好公司一起长眠的思想，股市的存在其实对你意义不大。段永平当年投资网易时曾说过，即使网易摘牌了他也不怕，他是它的股东，它账上躺着现金呢，公司的游戏业务那么赚钱，做它的股东也是赚的呀。这就是股权思维。

当然，股权思维不一定是龙头思维，只有股权思维叠加第一性，这种思维才是股权龙头战法。这一派的基本思想是：忘记股市，寻找在现实世界里的龙头公司，然后重仓之。当然，它并不是希望股市关门，而是不在乎股市的日常波动，甚至不怕股市关门。

这类的龙头思维把关注点放在公司本身，从实业界去研究公司的综合实力和长远发展前景。从某种意义上，股权龙头思维内心是没有牛熊概念的，也没有股市概念。极端的情况下，办公室的电脑里连股票软件都不下载安装，没有 K 线图概念。我在深圳见过几个这样的投资者，他们真的是抱着茅台、腾讯死死不放手。

这派龙头战法的内心世界和绝大多数“炒股”的人不一样，因为他们不“炒股”，他们是真正的“投资”。他们坚持第一性的龙头思维，摆脱 K 线图干扰，更没有什么形态、均线、换手率和成交量的说法。他们只是从产业竞争、行业格局、公司内在禀赋去研究其是否是龙头企业，是否符合强者和第一性的气质。

这一龙头派别有个巨大的优势，就是他们很容易解决如何判断龙头真假问题。我们上面曾花费大量精力讨论龙头真实性问题。对于看着 K 线来做龙头的人来说，假龙头太多，假龙头的出现也是很多做龙头的人回撤的重大原因。但对于股权龙头派来说，他们可以轻松解决真假问题，因为他们所选择的标的在现实世界已经完成了真假筛选。商界的竞争已经把假的、劣的都淘汰，已经把谁是龙头企业、谁是二流企业区分开了，他们不需要通过股票市场的分析去完成谁是龙大、谁是真龙头的筛选，他们只需要考虑估值问题，考虑公司基本面的变化。

其实，股权龙头是龙头战法中最朴素的，它最接近龙头原教旨主义的本质。龙头不是老大吗，不是第一吗？那我就寻找第一性的公司、龙头性的企业。把这个思维贯彻到底，不就是龙头战法吗？

这个道理也是现实世界中龙头的逻辑。大家想想现实世界中的各行各业，是不是龙头思维都闪闪发光？房地产公司是怎么拿地的？一定是地段最好的地最值钱、最抢手。什么样的楼盘最具投资魅力？不一定是"性价比"最高的，也不一定是郊区的，更不一定是便宜的、二三线城市的，往往是核心城市的核心地段，比如北京长安街、上海外滩、广州珠江新城、杭州西湖边。电影投资、矿山投资、森林投资、饭店里大厨的选留是不是也都遵循龙头逻辑？大千世界，龙头思维无处不在。股权龙头跟他们一样，只选择拥抱"第一性"的事物。

如果彻底贯彻龙头思维，你投资一家龙头企业，和你投资 007 电影、拿下上海外滩一栋别墅、在西湖边投资一套公寓是一样的。不同的是，股市里的价格是 K 线写的，电影的价格是票房写的、房地产的价格是房价写的。当你摒弃浮在表面的东西之后，你看到的都是一样的东西：强者恒强。

每个人的资金体量不一样，股权龙头对于只有三五万人民币的股民来说，肯定提不起神。但对于一个大资产者，当你的资产达到一定程度，在你的资产配置中，一定要有股权龙头类的企业。只有这样，才能保证你资产总体的稳定性且维持良好的收益率。我的读者应该有很多人会逐步增加持有龙头企业，做真正的"伟大公司"的主人。

需要提醒的是，股权龙头不会一成不变，并不是要永远抱着公司股权不卖。股权龙头虽然投资的是第一性的公司，但第一性的公司并不是一成不变的，也不是终身制。社会的变迁、产业的迁移、科技的更迭，时常会让龙头企业不断变换。比如诺基亚曾经是龙头，索尼也曾经是龙头，长虹也曾经是龙头，后来都日薄西山。股权龙头虽然越过 K 线和股市的浮沉，但它不能越过现实世界商业的竞争，更不能越过科技革命和产业更迭。做股权龙头应该密切跟踪企业基本面的变化，特别是新的龙头是否取代旧的龙头。一旦有新的龙头出来，要毫不留情地“喜新厌旧”。今天，在亚马逊、谷歌、华为、腾讯和阿里巴巴面前，龙头早已不是沃尔玛、通用电气、四川长虹、中国电信和苏宁电器。龙头最讲与时俱进，也最愿意拥抱最新的变化。

## 白马龙头

白马龙头介于股权龙头和黑马龙头之间，我把这种龙头叫中间路线，或者叫价值投机。股权龙头着眼于企业的整体，看重企业的长远发展前景和业界地位。如果把这里面的“整体”给“拆散”，把“长远”给“缩短”，把“业界地位”拆为“股市盘面地位”，就变成了白马龙头。

也就是说，白马龙头把股权龙头拆散来做，或者是从散落的微观来看企业。一旦发现某个微观层面有价值，那么就去投资这个价值，把这个价值推波助澜，这就是白马龙头的做法了。有人会问，这不是“炒作”吗？是的，股市本质就有炒作的成分，不炒作还叫股市吗？股市是先透支后还债。茅台、腾讯哪个没有炒作的成分？所以，不必回避“炒作”这个词。

那么，白马龙头会对企业的哪些“拆散的”“微观的”的因子感兴趣呢？

凡是能够引起基本面重大变化的，都是白马龙头感兴趣的。比如，某企业搞个科技创新，推出一种新产品；或者某企业所在的行业出现一项重大的产业变革，而该企业又因此而受益。再比如，国家公布了某个重大的政策，该企业恰是这个政策的受益者。

白马龙头是有“的”放矢，这个“的”只要足够大、足够新鲜，具有足够的革命性、足够的影响力，白马龙头战法就不会放过它。

比如，在2019年春节后，很多手机厂家推出柔性屏。在这个重大的产业变革中，深天马A受益无穷，而深天马A本身也为这次产业革命做了足够的技术准备，所以该股在2019年春节后成为柔性屏题材的白马龙头。

拿深天马A的市盈率说事，拿业绩和财务报表说事，甚至拿企业整体说事，那都是不理解白马龙头的玩法。白马龙头着眼的是局部价值，只要发生一件事能够对公司产生巨大的正面影响，就可以了，至于整体和长远，那是股权龙头考虑的事情。

再比如鲁信创投，该公司在 2018 年 11 月份突然受到一个巨大的政策性因素影响，就是科创板。此时，该公司的财务报表没有半点改变，该公司的业绩也没有一丁点儿的变化，该公司未来能否真的在科创板政策下实现长足发展也没有足够过硬的证据，但主力就是炒作它。为什么？因为虽然没有看到过硬的证据，但是有过硬的“逻辑”。什么逻辑？科创板开设了，作为一个创投类的公司，不可能不往好的方面去发展。等到具体业绩出来了再去炒作，那是会计炒股；根据逻辑来展开投资，那才是投资家炒股。

股权龙头投资的是现实世界的伟大公司，白马龙头投资的是股票市场上巨大的价值发现和价值变化，而黑马龙头炒作的是价值人气和市场共振。白马龙头相对于稍后我要介绍的黑马龙头来说，最大的区别有两个：一个是盘子大，另一个就是价值正宗。

白马龙头往往盘子相对大一些，市值大一些，在某些情况下，也被称为“中军”。白马龙头核心考虑因素不是盘子，而是价值正宗性。

价值正宗是白马龙头区别黑马龙头的根本。黑马龙头只需要价值沾边或者有价值氛围即可，而白马龙头必须绑定价值正宗的股票。我们在龙头“四维”中强调的价值性，在白马龙头上表现得最为突出。白马龙头往往市值大、流通盘大，如果没有价值的正宗性，没有一个说得过去的硬逻辑，是无法说服大资金去启动它的。随便举几个例子：

京东方A：柔性屏价值最正宗公司

深天马A：柔性屏产业链的核心公司

张江高科：科创板正宗公司

攀钢钒钛：钒产品涨价最受益的公司

罗牛山：海南岛马彩最正宗公司

盐湖股份：盐湖提锂题材最有想象力的公司

方大炭素：石墨电极涨价最受益的公司

中国中车：“一带一路”类题材正宗公司

寒锐钴业：新能源行业正宗公司

所以，当市场炒作它们的那些价值和题材的时候，它们充当了当时的白马龙头。市场是最聪明的，大资金选择大体量的公司时，一定是首选“正宗性”的。这一点是白马龙头和黑马龙头最大的区别。

很多人不懂这个逻辑，说白马龙头是乱炒。其实白马龙头一点都不乱炒，每次热点来临，能够充当白马中军的，都是那个时候逻辑最硬的企业。市场的选择有时候真的是最好的选择。比如，2019 年初市场选择的白马龙头是深天马 A 和京东方 A，它们确实是柔性屏行业的定海神针；2017 年市场选择的方大炭素和寒锐钴业，也都是各自领域的泰山北斗。我们应该相信市场的选择，相信博弈出来的结果。可以毫不夸张地说，白马龙头其实是价值性最根正苗红的企业。

很多人嫌白马龙头慢，其实一点都不慢。因为白马龙头可以承载规模，承载流动性，而且交易机会也很多，不像黑马龙头，动不动就一字板，让你失去交易机会。白马龙头往往是可以融资融券的标的，可以加大仓位去做。用规模的优势去战胜速度的优势。很多大佬都是白马龙头的发烧友，比如赵、孙、徐、章。当然，一方面是因为他们资金体量大，只有白马龙头能够容纳下那么大的流动性；另一方面，他们觉得白马龙头安全，上车机会多，可以重仓出击。

需要特别强调的是，白马龙头要破涨停板之执。我在前面讲“五破”的时候，提到破涨停板之执，最大的用意就是在白马龙头这里。白马龙头不需要涨停板来背书，这一点一定要明白。白马龙头追求的不是单根 K 线的极限值，而是追求整体气势的势大力沉。这有点类似李昌镐的棋风，不追求每一颗落子的飘逸华丽，而是追求整体气势泰山压顶。九段围棋高手马晓春就评价说，如果一手棋的效率满分是 10 分的话，那么李昌镐的棋，每一手最多可打 6 分到 7 分。李昌镐也承认：我从不追求妙手，从不想一举击溃对手。每手棋，我只追求 51% 的效率。但李昌镐却能在通盘毫无妙手的情况下，实现整体的最优。这个逻辑就像白马龙头不追求每一根 K 线都是涨停板，但整体气势却如滔滔江水，浩浩荡荡、连绵不绝。白马龙头，其威力远非常人能理解。

## 黑马龙头

黑马龙头是价值和题材搭台，市场唱戏，唱得最嗨的那个，就是黑马龙头。如果说白马龙头把股权龙头的价值“拆散”，那么黑马龙头可以说是把这个“拆散”的价值只当作背景音乐，让它只负责引出人气和热点，接下来的表演就完全靠市场了。

这也是很多人不理解的地方。为什么甲比乙更有价值，更受益某事件和政策，反而没有乙涨得好？价值有价值的逻辑，市场有市场的逻辑。股市不完全是价值的简单映射。

价值一旦释放出来，市场怎么解读，那是市场的事情了。价值和股票市场完全脱离，完全不看股票市场，那是股权龙头的做法；价值和股票市场折中，达成一种中间路线，那是白马龙头的做法；价值引出热点，热点舞动龙头，龙头自我封神，这是黑马龙头的做派。

黑马龙头不是不讲价值性，而是把价值性发挥到极致。就像一个参加选美的美女，要把她的漂亮炫到极致；也像一个穷奢极欲的富翁，把他的财富挥霍到极致。

跟白马龙头不一样，黑马龙头虽然讲价值性，但它不被价值性羁绊，它能彻底贯彻“先透支、后还债”的逻辑。价值在某种情况下，只是提供一种“说法”。完全没有说法那是妖股，有说法但又不止于说法的，那才是黑马龙头。

价值性是龙头的根，完全没有价值性，我不把它列进龙头家族。黑马龙头是离价值性这个根最远的，但它还是拿价值性说事。比如贵州燃气，虽然严重脱离基本面，但是它暴涨起来总会有无数人拿天然气价格去驱动它的股价。

那么黑马龙头离什么近呢？离市场性最近。它是在某个题材的烘托下，最能涨、最疯狂、最光芒万丈的股票。

黑马龙头也是狭义上的龙头，现在A股中流行的龙头说法，其实指的就是黑马龙头。与白马龙头和股权龙头相比，黑马龙头有几个典型的特征：

1. 捆绑涨停板。主要特征是连续涨停，一鼓作气，一气呵成。

2. 绝对的第一性。第一个启动，第一个封住涨停，涨幅第一，人气第一，光芒万丈。

3. 盘子往往比较小。

4. 股价往往不高。

5. 往往喜欢一字板和 T 字板，流动性受到限制，买点容易自我设限，动辄就买不到。

关于黑马龙头更详细的特征，可以参考拙著《股市极客思考录——十年磨一剑之龙头股战法揭秘》，该书第六篇“龙头股：擒贼先擒王”里有大量黑马龙头的描述和案例分析，这里就不再赘述。

## 三脉争流，同气同宗

龙头在 A 股沿着三个路径发展，每个路径都独成一脉。但三脉无论如何分流，其核心都是龙头“四维”：价值性、领涨性、市场性、第一性。只是有的强调价值性，有的强调市场性，但无论如何它们都在这四维当中找到各自的方向和平衡点。

股权龙头偏于价值性的解读，它是龙头思想在投资领域最根本的应用，最朴素、最大道当然；黑马龙头偏于领涨性和第一性，它是龙头思想在投资领域最灵活、最“放肆”的应用，飘逸，彪悍；而白马龙头则对上述四项都重视、都倚重，稳妥，平衡。

可以这样说，白马龙头是龙头战法的最大公约数，其锁定的标的股价值投资派也认可，技术派也认可，比如寒锐钴业、方大炭素、中国中车，所以我说它是中间路线。“中间路线”好像不是一个很“纯粹”的词，但我内心深处认为，白马龙头很可能是未来龙头战法的主战场，是主导方向。未来龙头的发展趋势应该是向着白马龙头的方向发展，因为 A 股不可能永远设置涨跌停板，也不可能永远 T+1，它应该逐步与国际接轨。那个时候，没有涨跌停板了，可以 T+0 了，市场的核心就变成白马龙头的天下了。另外，我们不能仅仅做 A 股，随着部分投资者资金规模的扩大和投资的国际化，港股、美股和欧洲股票，都应该会有所涉猎，人家那里早就没有涨跌停板了，难道换个地方就做不了龙头了？白马龙头可以说根正苗红，前途无限。

简言之，股权龙头，大道当然，大开大合；白马龙头，根正苗红，群雄逐鹿；黑马龙头，无法无天，桀骜不驯。

但很多人思维的“带宽”不够，认识不到三脉龙头的共性，只承认或者只能认识到其中一脉，否认甚至痛骂讽刺另外两脉。比如，很多做股权龙头的，压根儿认识不到白马龙头和黑马龙头的价值。记得炒贵州燃气那会儿，一些机构群里的基金大佬和研究员，每天开盘先骂半个小时的贵州燃气，然后再谈其他话题，结果贵州燃气天天上涨。同时还有一些群，某段时间天天骂贵州茅台，好像他们天生就是仇人，都觉得对方不可理喻。事实上，站在第一性的角度上看，他们的“最底层”是一样的，一个要的是价值的第一性，另一个要的是市场的第一性，只是他们彼此跨越不了对方的“带宽”，非我理解力内，虽涨必骂。

我们要双向破执，甚至多向破执：一方面不要认为龙头就是中国平安、阿里巴巴、腾讯和茅台；另外一个方面也不要认为龙头就是贵州燃气、东方通信。我们要认识到，它们都是龙头家族的血脉。龙头之花，一花三叶，同气连根。

三脉龙头，有没有我特别偏爱的？为了留给读者一个开放式的思维，我不选边站队，我希望读者自己根据自己的价值观来做自己的偏好选择。

如果把三脉龙头比作人生，你希望自己的人生是哪个类型的龙头股？是贵州茅台、恒瑞医药呢，还是东方通信、贵州燃气，还是方大炭素、寒锐钴业？

对这个问题的回答，其实就是对上面偏爱的回答。

# 13 别开天地的妖股

还有一个类型的股，在这里要专门讨论一下，那就是妖股。

妖股不就是龙头股吗？可以说是，也可以说不是。目前市场上经常把妖股跟龙头股放在一起去说，我之前也是把龙头股和妖股放在一起去认识，所以我以前做案例分析时，也不去区别龙头股和妖股。现在，我认为有必要把龙头股和妖股做个区分，因为它们在风控上有很大的区别。

妖股是什么呢？我们不好直接下定义，其实它是黑马龙头的极端化和变异品种。黑马龙头无论怎么放肆和无法无天，它还是遵守龙头“四维”的，特别是价值性的根它没有彻底抛弃。无论黑马龙头怎么涨，它总是拿题材和基本面说事，或者以其为背景，或者以其来启动，或者以其来加速。

妖股呢？妖股彻底放弃所有的束缚和羁绊，它不需要任何价值和题材，不需要基本面的任何变化和由头，它就是无法无天，就是我行我素，就是蔑视一切。妖股是把龙头“四维”里的“第一性”发挥到极致，发挥到毫巅。

可以这样说，黑马龙头属于龙头家族，无论再怎么肆无忌惮，总有一点“皇气”和“贵气”，而妖股则更多的是“妖气”和“野气”。

龙头股，无论是股权龙头、白马龙头还是黑马龙头，总有一定的规矩，总要遵守一定的法则，或者价值法则，或者题材法则，或者空间法则，或者技术法则。但妖股则没有任何法则，甚至妖股过往的历史法则、历史规律也会被碾碎。妖股可以说是跳出三界外，不在五行中。

比如特力 A、洛阳玻璃、柘中股份、张家港行、德新交运，无论你用什么分析，都不一定能分析清楚它的规律。更要命的是，它的过往经验总结也不一定能为下一个妖股提供路径答案。可以说妖股各不同，各有各的“妖”。

需要说明的是，妖股有时候可以和黑马龙头合体，或者说黑马龙头走到极致，也容易跑过界。妖股和黑马龙头在某种情况下是难以分清楚的，说它是妖股吧，它题材根正苗红，有当时最主要的市场题材背书；说它是龙头吧，它又匪气冲天，桀骜不驯。这种情况我的建议就是不分，直接做就是了。

比如中科信息、东方通信、贵州燃气、恒立实业、万兴科技、通鼎互联，它既是龙头股，又是妖股，皇气和妖气合体。这个时候，就不要分彼此了，直接拥抱了再说。

那为什么还要多一出“妖股”一说呢?

这涉及一个严肃而又重要的话题。我认为龙头股，无论白马黑马，都有章法，有强规则和强逻辑可以去认知和利用，但是妖股往往跳出任何规则。

或者说，妖股也有规律，也有历史经验，但妖股的章法和稳定性远远不如龙头股可靠。妖股的风控和仓位往往不能像龙头股那么大胆，不能用狠仓去做，或者根本容纳不了那么多的流动性。

把妖股和龙头股分开，也是为了重正一种价值观：既然是龙头，就得对得起龙头这个词，就得天生具有皇气，就得树立正信正念的龙头典范。

还有，龙头股的启动，其诱因和起心动念容易把握，因为它有价值性事件和政策可以作为观察窗口；它有导火索，会让人有准备。而妖股往往毫无迹象，可能是某个因缘具足，也可能是某个大庄（比如山东帮炒作的张家港行和柘中股份）一时兴起的运作，它只是把股票当工具和符号，一点也不理会这个股是否真的有哪怕一丁点儿的价值，但因为它的主力有钱任性，可以来无影去无踪。其逻辑的必然性和操作的可重复性非常低。

妖股不常有，龙头股常有。白马龙头、黑马龙头，伴随着事件和价值挖掘层出不穷。就拿2018年来说，虽然是熊市，但是龙头一大堆，而且在时间上错开分布，比如贵州燃气、海得控制、万兴科技、宏川智慧、华锋股份、罗牛山、通产丽星、晓程科技、超频三、亚夏汽车、攀钢钒钛、国海证券、恒立实业、鲁信创投、弘业股份、超华科技、群兴玩具、新疆交建、贝通信、东方通信、全柴动力等等。而妖股，能够妖起来无法无天的，就是万兴科技、恒立实业、德新交运、风范股份、东方通信这几个，其中还有和龙头合体的。妖股的稀缺性决定了不能把妖股作为主交易品种，但是龙头可以作为主交易品种。也就是说妖股可遇而不可求，龙头可遇也可以求。

还有，妖股往往是结果，很多像妖股的股票，往往半路夭折了，做成的就是妖股了。而做龙头股如果严格按龙头“四维”去甄别，其成功率和必然性远远高于妖股，龙头股的逻辑性更硬，出手的时候内心踏实感更强。

有人说龙头也是走出来才是，龙头也容易夭折，其实这是不理解龙头，至少是未得龙头精髓。如果做到龙头“四维”，严守价值性和第一性，龙头即使错了，错得也不大。而且，真正把龙头做好了，往往二板三板就把龙头搞到了，不需要去高位搏妖。

专门把妖股挑出来，还基于一种长久交易素养和风控的考虑。妖股任何规则都不讲，只讲结果，只讲能涨，这是以“结果”来定义“结果”的做法，会带来一种没有原则的交易习惯和价值观：只要能涨，不管什么原因什么逻辑，就是好股，就应该做，这其实会后患无穷。任何投资理论和方法，都不要把“涨”当成唯一逻辑。因为涨是结果，我们要依托涨背后的逻辑来交易。在这里提防妖股并不是提防它的上涨性，而是提防它的逻辑和原因的不稳定性和不明晰性。

不管逻辑和原因的暴涨，夭折率非常高。我强调龙头要有价值性和皇气，就是为了提高龙头的真实性，控制夭折率，做好风控，控制回撤。当然我们不是回避妖股，故意绕开妖不去做，事实上我在行情好的时候也会剑指妖股，多刺激呀。但妖是结果，是我按照龙头逻辑和章法来做，一不小心它走成妖了，而不是没有任何逻辑和原因，见到上涨就追。没有原因和逻辑可以成大妖，但也容易出现极大回撤。而且，没有原因和逻辑的上涨容易造假，这就回到我们龙头的真假分析上。我为什么花那么大的篇幅去写龙头的真假性，就是因为真假性太重要了。而妖股没有原因和逻辑，只用金钱堆，这太容易造假了。于是，就诞生了一种专门去打造貌似妖股的专业队伍：食龙族。

# 14 食龙族

龙头战法的普及，培养了一批专门敢于追涨的人，美其名曰“龙头信仰”。事实上，追涨只是龙头的表象，龙头的核心是追势，是追强，追第一性，如果没有这些，单纯追涨，会很惨，特别是在熊市。问题是很多所谓的龙头战法者注意不到这么多细节。或者说他们认知龙头的方式就是涨、就是高、就是连板、就是空间最高。于是，我们就可以常常看到一种场景：只要一只股票暴涨了，无论有没有内在逻辑，无论是不是具有第一性，就有无数人去追捧，而这种情况还被很多对龙头战法理解不深的人冠以“龙头信仰”之美誉。

既然有那么多人“飞蛾扑火”，自然就有人开始打这帮人的主意。一批深谙短庄操盘的人，发明了一种专门收割所谓龙头战法者的模式。他们选择一种可以操作的小盘股票，在底部建仓，然后快速连拉三四个涨停板，同时控制一些自媒体甚至是大一些的媒体，散播这只股票就是龙头的言论。无数个龙头信奉者一看，K 线结构和形态完全符合龙头股，又有媒体吹风什么题材什么概念，又怎么符合什么国家政策，等等，于是就买入了。此时，这批人开始出货，他们暴赚后开始换另外一只股，重演上述套路。

我把这种专门制造假龙头、收割龙头信奉者的人，称为“食龙族”。他们以龙头为食，以制造貌似龙头的股票为能事。这种情况在牛市还比较少见，因为牛市不用考虑出货问题，增量资金太多，大家都是赚趋势的钱。而熊市出货难，如果没有一批带着“信仰”的人来接盘，是没有办法出货的。而一部分打着龙头旗号的人愿意来接盘，恰恰就解决了食龙族的忧虑，于是快马加鞭，制造各种各样的伪龙头。

龙头是需要逻辑和价值性的，如果完全不讲任何逻辑的暴涨，如果人人都抱着妖股的幻想，如果人人只看 K 线和形态而不顾价值性和逻辑性，那么最终的结果就是沦为食龙族案板上的肉。这种情况是在熊市中，特别是 2018 年，很多人做龙头战法回撤的最大原因。

也许有人反驳，很多龙头价值性也不高，也属于垃圾股。其实，价值大小高低是一回事，拿不拿价值当一回事、起心动念有没有价值，是另外一回事。食龙族和妖股是压根儿没有把价值当回事，只是制造价格的暴涨。

那怎么解决食龙族的问题？这就回到我们龙头“四维”上，回到龙头真实性判断上。正因如此，我反复强调龙头信仰不是空喊口号，而是正信正念；龙头根本不是妖气，而是皇气。我提出把妖股和龙头股分开，也就是这个考虑。

没有任何理由和原因的暴涨，能成为妖股，但更容易使追捧者成为食龙族案板上的肉。通往天堂之路同样通往地狱，这句话用来形容食龙族的生态链，最恰当不过。

# 15 再论价值性

龙头、妖股、食龙族之间的核心分野是“价值性”。没有价值性，可以成为妖股，但更容易成为食龙族的食粮；有价值性，也可能是食龙族的食粮，但有价值性的股票造假成本高，食龙族一般没有那个耐性。再说了，有价值性加持，即使食龙族愿意去做，也难以一支独大，因为价值性会吸引足够多的合力。

价值性怎么强调都不为过。在人类社会的各个领域，能够配得上龙头二字的，无不具有价值加持。比如，一部精彩的电影，无论是学院派评出的最佳电影还是年度票房冠军的商业电影，无不是观赏性和艺术性都很好的电影。比如《阿凡达》《泰坦尼克号》《教父》《肖申克的救赎》，无不内容精彩，具有极佳的价值性。而纯炒作的电影，虽然偶有票房奇迹，但终被人遗忘，更多的是票房和艺术双失败。人类的书法、文学和其他艺术更是如此。能够成为龙头的作品，其价值性都是无可置疑的。比如王羲之的《兰亭序》、曹雪芹的《红楼梦》，乃至最近几年比较火的《三体》，都以艺术造诣取胜，都是以价值性为根本的。

价值性类似于一部电影的剧情和故事，股价类似于电影的票房。好的票房未必一定都是最好的剧情和故事，但是完全不考虑故事和剧情的电影，很少能够取得好的票房。而且，伟大的电影起心动念一定是讲好一个故事，演绎一段荡气回肠的大戏。

本书在介绍龙头“四维”的时候曾经重点谈过价值性，而且反复强调价值性是龙头之根。龙头不能涵盖所有上涨的股票，龙头也不能解释每一种现象。任何一种投资哲学和理论，只要企图包罗万象，它必然会步入歧途。不是龙头也能疯狂暴涨，不买龙头也能赚大钱，龙头战法之外其他投资流派和方法也各有精彩。我提倡固守的龙头，就应该是价值性的龙头，至少在乎价值，拿价值说事，而不是完全偏离价值，歧视价值，完全不考虑价值。妖气和皇气的分野，正在于此。

既然价值性这么重要，我们就要深入讨论一下价值。

我们上文曾经说过，虽然我们重视价值，但是我们不垄断和独占价值的标准，我们要坚持多元价值观。不能说我们认可的就是价值，我们不认可的就不是价值。这就要从源头上去认真思考人类价值的来源。

到底什么是价值？价值从哪里来？

## 价值从“争”中来

我经常爱观察儿童，儿童没有功利心，儿童对价值的判断往往是最朴素的。我问大家一个问题：你知道儿童的心灵深处认为什么有价值吗？是别的孩子喜欢的东西！当儿童一起玩耍的时候，越是大家都喜欢的东西，越就有价值。比如一群孩子在玩一个娃娃熊，大家抢来抢去，抢的孩子越多，这个娃娃熊在孩子的眼里就越有价值。一旦大家不抢了，你再把娃娃熊单独给一个孩子，它的价值可能一落千丈，甚至在孩子眼里突然变得索然无味。

大家想想，股市里是不是存在类似的情况，越是别人追捧的，越是买不到的，往往越值钱。而当股价下跌，让大家随便买的时候，大家又觉得不值钱。不要以为这种行为是散户行为，基金经理也会如此。所以，价值因争而产生，是人类的共性，不因身份高低、不因学历和智商而存在差别。

艺术品投资更是如此，一个艺术家的画如果没有人争，拍卖价格就会很低，比如梵高生前的作品；但当追捧者多，大家争起来的时候，又价值连城，还比如梵高去世后被重新拍卖的作品。

争是刻在人类天性最深处的价值定义法。深刻领会这种定义法，就会明白为什么龙头股越涨越能涨，因为大家争呀。这种来源于争的价值也叫共同价值取向。

## 价值从“有用”中来

任何价值，都抵不过“有用”二字。在股票市场上，这种价值往往表现在股票背后所代表的公司业绩好，每股收益高，公司前景好。这种定义在股权龙头那里最受欢迎。

股票的价值千千万，但业绩二字是定海神针，其他价值无论如何天花乱坠，都是试图拿业绩说事：或者业绩反转、否极泰来；或者业绩复苏；或者业绩爆炸式增长；或者业绩稳定持续；或者今天的科技创新、商业模式创新，未来业绩会超预期；等等。

龙头战法的价值性也是基于这个逻辑，只有能让公司产生业绩的事实和预期才能叫价值，否则就是扯淡。

这种价值最正当、最朴素、最天经地义，也是价值最本初的含义。

## 价值从政策中来

国家政策强制推行，会带来行业和上市公司的资源再分配，会引导制造价值导向。一些垃圾公司，往往因为政策巨变，突然变得有价值了。比如 2018 年的恒立实业，动态市盈率接近 2000，可以归类为垃圾股，但是当 10 月份国家关于壳资源的政策出台，突然让人看到了该公司的价值，于是出现一轮暴涨。如果不从这个角度，你基本上看不到这个公司的价值性。我们坚持多元价值观，就是要让大家认可价值的多种定义形式。再比如供给侧改革、新能源产业政策，都是政府政策强制引导一些价值变化，让有些行业有些公司发生价值巨变，另一些公司则价值沉沦。这就是政策产生价值。

需要说明的是，政府政策引起价值变化，有时候不是结果，也不需要等到结果，只需要有预期和想象力即可。这也是资本市场和实业市场的区别，希望大家不要用会计思维来审视股市问题，那样就误解了金融的本质。

## 价值从“信”中来

有一种价值，你相信它有价值，它就有价值。比如赎罪券，对于相信它的人来说，购买这种券有价值，那它就值钱；对于不相信它的人来说，一文不值。再比如某些历史遗迹，寄托着某一宗教信仰，并且具有文物价值，在很多人眼里是无价之宝，但一些恐怖分子不但不认可其价值，还要炸毁殆尽。

因信而产生价值是一种最奇特的价值，我们在股市也常常看到这种情况：有的人视为垃圾，而另一些人视为宝物；有的人理解为糟糕透顶的公司，另外一些人理解为伟大的公司。比如特斯拉，很多人认为它是伟大的公司，但巴菲特对此不认可。

再比如有的公司年年巨亏，对于相信它的商业模式的人来说，愿意投资它，支持它，继续烧钱；对于不相信它的商业模式的人说，拔一毛也不愿意。

以上就是价值的四种最基本源泉。这四种价值有时候全具备，有时候只具备其中一二。如果按照排序，有用性价值天然大于其他价值，政策价值其次，信仰价值和因争而产生的价值再次。

以上四种全部具备，就具备最充分的价值性，既让大家争着抢，又具有基本价值，还获得政府认可，同时很多人至死不渝地相信它有价值。

但，很多股票不可能全部具备四项价值，我们所说的价值性，也不需要四项全部拥有，但是拥有项数越多越具有价值。一项都不拥有，那不是零价值，而是负价值。

我反复强调价值性，根本目的在于保证龙头的真实性，控制龙头的回撤，这是龙头战法的命根子。怎么去保证？就是尽可能地去占有多项价值性。价值性越少，价值重要性越低，龙头假的可能性越大，我们越应该放弃它。一旦一只股票拥有多项价值性，又体现在市场上的第一性，那么它为真的可能性就很大，此时我们可以重手出击。

# 16

# 龙头真善美

我们从真假角度、高低角度、价值角度反复阐述了龙头，是不是经过上述的筛选和洗礼，每个龙头都可以做了呢？

非也！为什么？

因为龙头还有一个综合的“真善美”问题。有的股虽然是龙头，但是丑恶难耐，其主力资金自己吃独食，没有一点共享和构建龙头生态的精神。我们看图 23。

市北高新确实是科创板新政推出后的龙头，但是这样的龙头与其说漂亮不如说丑陋，其内部先手资金完全不与任何人分享，一旦轮到你可以买到，也就是暴跌的前夜。这种操盘手法反映了该龙头操盘手心胸极其狭隘和自私，关起门来自娱自乐。

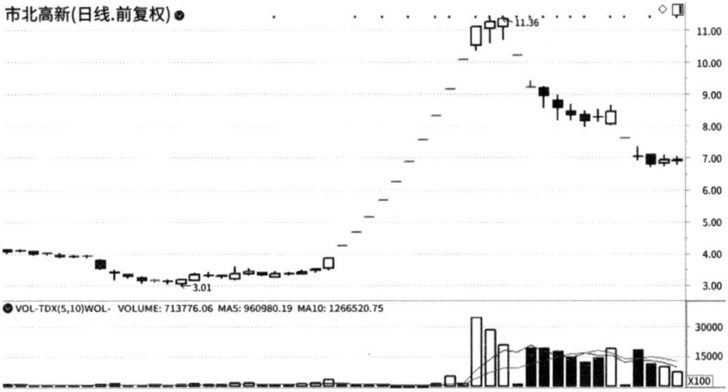


图 23　市北高新局部走势图

市北高新比较极端，还有没那么极端的，如图 24 所示的新疆交建，但同样给人以自私的感觉。

新疆交建算一个龙头，它的走势没有市北高新那么极端，但也并非善类。我们从图上看，如果你在它启动的前三天没有入场，你就要以几乎接近涨停板的价格去买入，否则就别参与游戏；一旦参与晚了，又来一个天地板的核按钮来伺候。操作这种股对于老手来说如探囊取物，但对于新手或者水平不高的人来说，确实不是真善美之辈。

我们要找既是龙头，又有承载性的股票，每天都可以买进去，也可以从容卖出，让所有的参与者只要能看懂，就都可以上车。比如东方通信，见图 25。

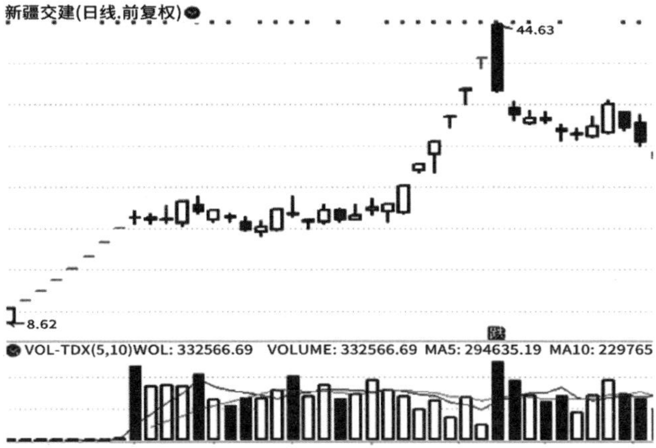


图 24 新疆交建局部走势图

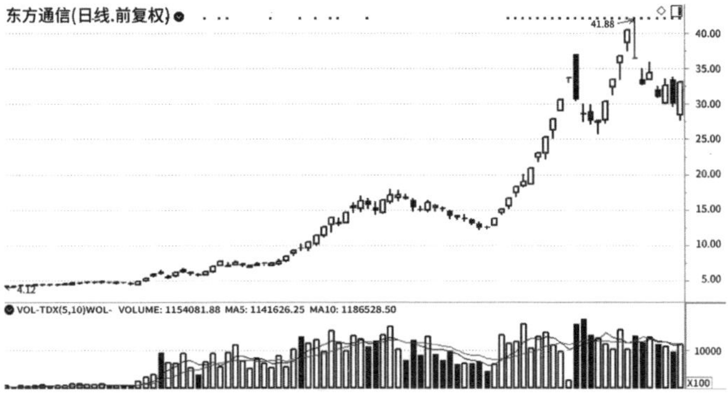


图 25 东方通信局部走势图

从东方通信的局部走势图上，我们可以看到这只股票的走势非常美，如行云流水，荡气回肠。整个过程几乎看不到跌停板，而且从不走一字涨停板，任何想参与的人都可以在任何一天进去，任何想出来的人也都可以在任何一天出来，这就是善。它背靠5G的大产业和社会革命，多维价值共振，这就是真。如此股票才是真善美。正因为如此，该股成为跨越2018年和2019年的罕见大龙头，龙妖合一，举世无双。

一年当中，龙头也有很多个，有的月份，可能一个月就有好几个龙头。我们不能每个龙头都做，在这里面，我们要做取舍，尽量去做真善美的龙头，或者遇到真善美的龙头重仓，那种内心丑恶吃独食的龙头，尽量少去参与。所谓的风控，不就是要严格做好取舍吗？真善美的取舍，就是控制龙头战法风险的重要策略。

至此，我们关于龙头的思考已经足够深刻和全面了，也做到逻辑性和系统性，甚至找到龙头家族里最好的、最应该做的品种——真善美的龙头，那是不是说就可以毫无顾忌地做龙头股了呢？

应该说，工作准备到此，已经可以算是龙头战法队伍里境界比较高的了，已经摆脱了非理性和情绪化，已经步入有理有法的境界。但，要想彻底做好龙头，还不够，还需突破最后的两重关，打通“任督二脉”，“任脉”乃自己，“督脉”乃天地。我们先来敬天地，然后再来修自己。

# 17

# 敬畏天地：

## 打通行情督脉

行情是龙头战法的天，没有天妄谈龙头，必然会得不偿失，受到天的惩罚。逆天而为在任何行业都是大忌。很多人迷信龙头战法，以为龙头可以穿越牛熊，穿越周期，这只是一厢情愿。当然，从结果上看，每个月都有一个甚至几个龙头，市场差并不妨碍龙头战法。不过从实战角度上来观察，行情差的时候，龙头战法的试错成本非常高。从结果上看有龙头，但事实上操作起来不是那么回事。龙头求真，在行情差的时候，龙头最难求真。所以，我的观点是，行情差，慎做龙头，甚至完全不做龙头。

对行情的感知，对行情的敬畏，对行情的拿捏，是龙头战法最敏感、最关键的一个环节。龙头战法的本质是如何选择的哲学和智慧：行情的选择、价值的选择与股票的选择。龙头是第一性事物，它天生就选择与强者在一起，拥抱最强势的因素。市场差的时候就不是龙头产生的时候。在市场差的情况下强行寻找龙头，这种做法本身就是龙头战法的对立面。真正的龙头战法应该是拥抱最好的行情，拥抱最好的股票。

在《股市极客思考录》上，我曾详细谈过行情，但那只是框架性的认知，远远没有触及我心底的认识，现在再来跟大家深入谈谈这个问题。

本人曾经学过中医，喜欢用中医的思维去分析股市中的一些问题。中医讲求“上穷天际，下极地理，远取诸物，近取诸身”，万法皆可互穷其理、互通其法。中医看病讲求“理法方药”。一个好医生给人看病，核心是什么？是开出来的方剂吗？是用的药吗？非也！是能够准确地诊断出病情，知道病的症结所在，对阴阳寒热准确拿捏，其次才是开方用药。衡量一名中医的医术水平，排在首位的是能准确判断病情，其次才是用药。一开始就谈用药，那是卖大力丸的。也就是说中医是以诊断病症为核心，而不是以药物为核心。

“远取诸物，近取诸身”这个道理如何用到股市上呢？

股市的核心是行情诊断，判断市场的攻守态势，把握行情力度强弱，识别行情级别大小。至于招式、方法，那只是第二位的东西。龙头战法的命门是行情，而不是招式、方法、技术、技巧。这是很多人最容易犯错误的地方。市场上很多人以招式为核心，认为学会各种技术分析、形态指标就可以纵横江湖，把“独孤九剑”奉为天下至宝，为此甚至走南闯北，拜师学艺。其实，目前关于股市的文章、培训班、书籍以及各种不传之秘，绝大多数都是这个层面的东西，都是在传术，都是在“方药”上较劲，而不是在观天看行情上下功夫。

当然，还有一个很重要的原因是观天识别行情太难了。对行情的识别和判断，靠的是理解力和功底，靠的是刻意修炼和足够多的感性认识，而不是几个指标和公式，更不是技术分析和形态选择。行情分析比较“虚”，如果一个大师教别人，一直在谈行情和市场识别，别人会误以为他没有任何东西，没有“硬货”“干货”。

事实上，行情怎么强调都不为过，在你没有把对行情的认知深入骨髓、化为“起心动念”的第一因之前，你就永远不能算过了行情关。

最害怕的是蔑视行情，以为靠一些绝招可以纵横江湖，甚至艺高人胆大地驰骋任何市场，每天疲于奔命，全天候追涨杀跌。当然，市场偶有全天候选手，每个星期都在交易，但只是凤毛麟角。而且，他对行情的感知也应该是他交易的关键，只不过他感知的是短线行情。完全不在乎行情的有没有？当然有，那是股权龙头派的投资者。但仔细想想，他们也在乎行情，只不过他们在乎的是更大周期、更大空间和更大级别的行情，比如行业兴衰的行情，科技更迭的行情，消费趋势变化的行情。

《阴符经》上说："观天之道，执天之行，尽矣。"天是我们思考事物的出发点和落脚点。股市比其他领域更强调天，因为股市的周期性和特殊性更加明显。其他领域虽然也重视天时，但人的主观努力得当也能取得成效。比如建筑工人在大寒大暑之际强行施工，肯定有违天道，但只要咬紧牙关艰苦努力，还是会有成效的；再比如，雨雪天出行也有违天时，但只要足够小心，走得足够慢，还是可以安全抵达目的地的；逆风行舟，逆水划船，逆人流而行，逆时差休息，本质上都是逆天，但如果方法得当，多少会有些成果。但股市里的逆天而为，可能是完全的负成果，不但颗粒无收，种子也会搭进去。如果不相信你就去试试。很多知名股神和大 V 好像全天候都是天才选手，好像行情因素对他们不起作用，那是表象，里子深处，他们一样受到天的惩罚。

逮鱼的最大技巧就是去鱼多的地方，做股票最合适的逻辑就是选择牛股多的行情。千万不要因为自己刚学或者刚总结一套绝招就技痒。如同中医看病，再地道名贵的药材，再精妙绝伦的方子，必须适合病人的病情才能有疗效，否则，人参、鹿茸可以杀人，祖传秘方可以致命。很多古代的老中医传授绝技的时候，核心不是传“祖传秘方”，而是传“祖传秘法”。凡是以传方剂为主的中医，其后代往往一代不如一代，最终沦为卖药的；而传理法者，其后人才有可能成就一代大医，开宗立派。

诗人罗隐说：“时来天地皆同力，运去英雄不自由。”时，运也。多少英雄人物在天时面前抱憾终生。《三国演义》中，水镜先生感叹诸葛亮：孔明虽得其主，但不得其时呀。能够择时势而处，方为顺天之大英雄也。

逆天而行，不敬畏行情，迷恋绝招和技术水平，这是天地督脉没有打通最明显的表现。但行情修炼不止于此。还有一种人喜欢反行情而行，好像天生就有“反骨”。最明显的表现就是牛市天天看空，见到上涨天天心惊肉跳；而熊市天天看多，行情一路下跌一路死扛。人不应该在激情的岁月谈佛系，在佛系的年龄谈激情，应该是花开堪折直须折，莫待无花空折枝。但有些人偏偏喜欢逆水行舟，天生与天过不去。市场不好的时候，天天喊着抄底，天天看多，胆忒大；市场好起来，行情来了，又开始害怕，天天看空。有人说这是独立思考，其实这是误会了独立思考。独立思考的本质是不着相，是破大众之执，是不带情绪不受外界干扰，其根本目的是无限接近市场本质。而在市场强的时候天天看空，市场弱的时候天天看多，这是为了“独立思考”而“独立思考”，这不是接近本质，这是“对着干”。

在行情的修炼中，最高境界最难打通的督脉就是行情级别的识别和判断。所谓级别就是一轮行情的性质和时空周期，比如是小级别反弹，还是中级别行情，还是大牛市；是暂时回调，还是深度下跌，还是漫漫熊市开始。这一重天是最难修炼的，是一个人做投资综合实力的表现，是功夫和功力。迄今为止，没有一个有效公式、有效的指标和数理模型能够直接告诉人行情的级别，都是靠自己的理解力和对各种因素的综合研究判断。

行情级别的判断非常重要，它是定战略的，它可以决定你用什么性质的资金入市，以多大规模、多大仓位的资金入市。若是普通级别的行情，小钱入市即可；如果是超大级别的行情来临，不重仓杀入是没有意义的。所谓观天之行，就是看行情的级别，看这个天有多大。

我前面就说过，龙头更需要风控，通往天堂之路同样通往地狱，千万不要以为龙头战法就可以蔑视行情，就可以天天满仓做。恰恰相反，龙头战法是一种“老谋深算”的投资智慧，必须选好的行情才出手。没有赚钱效应的行情强行用龙头战法，会糟蹋了龙头战法。

敬天，知天，用天，最后的境界就是天人合一。市场好则勇猛精进，信马由缰；市场差则胆小如鼠，如履薄冰。市场就是绝招，行情就是命脉。股市确确实实是一个看天吃饭的地方。

# 18

# 重塑自我：让自己配得上龙头

自我修炼乃是“任脉”。此关不过，难成大器；此关一过，则天地无限宽广。

股市是所有领域中最能把人性的弱点无限放大的地方，在这里，最大的敌人不是对手，不是市场，而是自己。人性的任何瑕疵，如果不经过改造，必然在股市上酿成大祸。

能在股市取得完全胜利的人，必须具有特殊的禀赋。世有非常之功，必待非常之人。在我眼里，能够战胜股市岂止是“非常之功”，简直是最难之功；它要求的岂止是“非常之人”，简直就是“完人”，一个彻底的具有特殊品格的人。为什么那么多投资大师到最后都喜欢谈原则、谈理念，甚至谈人性、谈哲学、谈宗教，就是因为投资走到最后，要修炼的是“人”，要改造的也是“人”。

龙头股是最桀骜不驯的股票，要驯服它实非易事。龙头集皇气、仙气和人气于一体，天生高贵。要做好龙头，必须自己配得上龙头。

那么什么品格的人才配得上龙头？或者说，我们要把品格修炼到什么境界才能匹配龙头呢？

## 奉道不奉钱

道是原则，是体系，是高于物质利益而独立存在的东西。奉道不奉钱，是说交易的是自己的价值观、自己的思想，而不是钱。

这个道理说起来容易，做起来却比登天还难。即使是公募、私募基金经理，做起来也非易事。明明能赚钱，但不符合道，不看不问不买，主动抵御金钱的诱惑，特别是抵御金钱对系统的破坏性，太难了。

当然，投资并不是清高，投资的最终目的肯定是为了赚钱。但如果这种回报是在破坏体系的情况下取得的，最终结果将是体系和金钱一起失去。为什么？股市是一个非常奇特的地方，证券投资的历史告诉我们，以牺牲体系来换取短期投资回报，其结果一定是得不偿失。投资的复杂性要求人性必须不“见风使舵”、不“首鼠两端”、不“有奶便是娘”，而应至善至纯、表里如一、“倔强如牛”。投资的立极的“锚”如果不是道，而是钱，其结果一定是没有任何原则，最终伤害的一定是交易者自己。

真正的投资是“守”，守住自己的“窄门”，守住自己的体系。“守”这个字我特别喜欢。中国古代，特别讲究守字。皇帝要守住江山，不愧对列祖列宗；将军要守好疆土，一寸山河一寸血；宗教徒要守住教规，持戒守心；大丈夫要守信，宁可失去性命不可失信；还有守法、守身、守护。任何行业和领域，任何职业和角色，无不讲究“守”字，投资绝对不能例外。投资如果想步入大成，想达到恬淡虚无之境界，必须守住投资之道。而守住投资之道最大的挑战，就是当道和金钱发生矛盾的时候。此时，一不小心，很多人就滑向了钱——先赚一笔再说。

问题是，你怎么知道你能先赚一笔？如果你能先赚一笔，说明你以前的道不够让你赚钱，你还没有找到真正的道。或者说，你对自己的道不够自信，对其稳定性和重要性不够发自内心地认可。此时你应该做的是重新构建自己的投资之道，而不是赚一笔再说。凡是想先赚一笔再说的人，结果一定是失去无数笔。

不问为什么，见到股价涨就买，这是赌徒。——不，这不是赌徒，这是侮辱赌徒。赌徒也是讲原则的。

奉道不奉钱更深远的意义还在于，投资的起心动念不是哪只股票暴涨了买哪只，而是哪只股票符合自己的交易体系买哪只。买卖不是对涨跌负责，而是对交易体系负责。

有时候，你赚钱了，也许是错的；你亏钱了，也许不是错。

投资要超越短期的盈亏得失，超越一城一地的得失，我们要的是长期的稳定收益和大概率的正确，而不是纠结于某只股票或某几次交易的盈亏，更不能被单笔交易盈亏来左右心境。

从决策学上来讲，决策的质量有时候不是由决策的结果来衡量的，而是取决于决策过程。因为一个决策从事后看，也许是最佳决策，但在决策当时，由于受信息和条件限制，未必是最佳决策；而当时的最佳决策，未必能取得最佳结果。其中有运气因素，还有权变因素。正因如此，过程正确和程序科学，远远比结果重要。投资更是这个道理。

真正的勇猛精进，不在于无所不能，更不是无所不赚，而在于能做到别人不能做的。在投资领域，大多数群众最“不能”的就是放弃以金钱为中心的对错观，如果你能跳出这种对错观，你就可以做到勇猛精进。如此，就是奉道不奉钱；如此，才能在投资领域具有金刚不坏之躯。

## 不顾诸神，对抗全世界

投资要敢冒天下之大不韪，敢于对抗全世界。

投资唯一要负责的是自己的独立思考，而不是其他任何人的观点和判断，哪怕这种观点来自你的偶像，甚至世界顶级大师。

在投资领域，最大的问题就是权威崇拜和羊群从众。权威的观点、专家的判断、大师的断言、群众的情绪永远是任何一个投资者挥之不去的阴影。而人性天生具有希望获取别人认可的弱点，天生就具有寻觅“知音”的心理诉求，这种弱点让任何一个人都难以摆脱，哪怕他知识和理论水平非常非常高。

而投资恰恰就是要摆脱从众，就是要彻底地孤独。

交易中只有市场和你，中间没有其他人。就像谈恋爱一样，这是两个人的事情，多一个人就是错误。交易就是孤独的，就是苦心孤诣的，就是特立独行的。它只需要对你的投资体系负责，它只需要对市场的最终走向负责，除此，不需要对其他负责。

投资本来就是少数人对的游戏，多就是错。越权威也就越意味着越从众，别人的观点永远带着病毒。投资永远不要害怕自己的观点跟别人不一样，永远不要觉得“主流”是对的，没有获得“主流”认可是错的。只要你是独立思考的，只要你是从自己的体系出发得出的结论，哪怕唱和者甚少，你也不要担心。更有甚者，别人的认可，可能是灾难的开始。

有人会说，自己的判断是错的怎么办？那别人的判断难道就一定对吗？

宁愿犯自己的错误，也不要犯别人的错误。

当然，敢于对抗全世界不是为了对抗而对抗，也不是“闭关锁国”，不学习不求知，而是说自己做投资决策的时候，要敢于不迷信权威，不受群众情绪影响，彻底甩开从众心理，甩开爱扎堆的恶习，摆脱从别人眼里寻找认可的做法。不因自己的观点与大多数人的观点一样而喜，也不因自己的观点与大家不一样而忧，把起心动念交给自己的交易体系，把判断对错的标准交给市场这个唯一的裁判。舍此，不求证于任何人，不看任何人的脸色。

心外无物，心外无人。

## 空性

空性是佛家词汇，这里借用是表达一种心境：超然物外。

很多人做投资喜欢预测，我执太重，这就难以做到空性。此心不动，随机而动，市场是终极答案。参与投资这个游戏，应该抛开太多的执念。同时，参与这个游戏，还应该抛弃太多的“胜负心”，忘记胜负。胜负是结果，而不是过程中总是念叨的东西。

围棋顶级大师吴清源对围棋的看法跟很多人不一样。围棋是一种博弈游戏，棋盘上的厮杀不亚于战场上的刀光剑影，很多棋手落子仿佛抽刀拔剑，杀气腾腾。吴清源对这种做法不以为然。到日本下棋的时候，吴清源经常遇到敌我意识非常强烈的棋手，但吴清源全部把他们击败了。背后的原因当然是吴清源棋艺高超，但吴清源更认为是心境之胜。吴清源的围棋世界观是超然观，他说他在下棋的时候是不念胜负、没有敌我的。他专心体会的是阴阳黑白的变化，棋韵的呼吸流荡。他甚至觉得，打败棋手的乐趣，远远不如在对弈中忘记自我，感受棋盘刹那间的天宇浩荡，体味棋子星辰位列。吴老是把围棋的快乐建立在以棋悟道上，而不是胜负上。

越是高深和复杂的领域，越需要空性，越需要跳出局来看局，围棋如此，投资亦如此。越想着赚钱，越急于赚钱，往往越赚不到钱。钱只是执行了系统之后的副产品，而不是念念不忘的主产品。投资中，很多人亏大钱的时候往往就是急于扳回或者眼红别人赚钱的时候。

忘记胜负，超然洒脱，不较劲，不死扛，甚至采取“事不关己”的态度，才能真正做到空性。对过去不过多留恋，对未来不过多预判，立足当下，随缘随境而为。如此，才是真正的空性。

空性还要求内心不被市场污染，坚守自己既定的规则，守住内心的道。很多人做投资，总是墙头草心态，市场一涨就受不了，一跌就惊慌失措，经常被小级别的东西干扰。真正空性，应该是金庸笔下《九阳真经》的境界：

**他强由他强，清风拂山岗；他横由他横，明月照大江。他自狠来他自恶，我自一口真气足。**

守住真气，不因涨而喜，不因跌而悲。符合条件就买，不符合条件的，任它怎么张牙舞爪地涨，该不买还是不买。

## 无成就感

什么是好的交易？没有成就感的交易才是好交易。

如果一个交易让你成就感十足，让你觉得只有自己才能完成如此高难度的动作，这种交易我却认为是坏的交易。

因为没有得势。

真正得势的交易，是那种别人也能做好的交易，是那种瓜熟蒂落的交易。华丽并不是交易的诉求，“我只是做了一笔别人也能做的交易”，才是好的诉求。

很多人跟我炫耀自己的技术的时候，总喜欢嘚瑟：看，市场多难做，但他就能抓住涨停。我对这种炫耀总是嗤之以鼻。交易要的不是成就感，而是“易成”感。我只是做了一个你们谁都能做的交易，我的一切都是行情给的，都是势给的，这才是我渴望的真正的好交易。

《孙子兵法》上说：“故善战者之胜也，无智名，无勇功。”真正会打仗的将军，打的是必胜仗。因为打得太顺利了，胜利太没有悬念了，太没有传奇性了，反而会让人觉得主帅没有军事才华。其实，孙子认为，这样的将帅才是最善于打仗的将帅。打险仗者，一将功成万骨枯，孙子并不认为是善战者。

投资之道，也应该去交易那种没有悬念的股票，去买那种“必涨”的股票。这种股票往往依势而起，或者个股价值之势，或者大盘行情之势，或者龙性明朗之势，反正就是“先胜而后求战”。

我们常听说，这个时候闭着眼睛买都能赚。那，我们就要去多寻找“这个时候”，而不是逞能去寻找需要独孤九剑才能搞定的时候。

我们不需要成就感，不需要胜利来之不易，只需要无智名、无勇功的交易。

## 和解

与市场和解是一种气度。虽然我们抱着战胜市场的自信，但必须承认我们不可能完全战胜市场，最后只能与市场达成和解。

和解不是放弃对市场的探索，不是放弃自信和勇气，而是认识到自己的能力范围，不企图完胜市场，不企图解释清楚任何股票现象，也不企图搞明白每一天的股市行情，承认自己经常看不懂，承认自己永远也无法发明一种理论来“包罗万涨”。

我们只能看懂局部的行情和有限的股票，然后就在这些局部的地方展开交易，承认自己的不能，敬畏市场，与市场握手言和。

很多人到处寻找方法，一个失败后就寻找另外一个，一直疲于奔命。他从来没有认真反思过，也许不是方法的问题，而是自己太过于追求“完美”，太渴望得到一个包罗万象的方法。一旦某个方法不能解释市场现象或者某些股票，就责怪方法，放弃方法，再去拜师学艺，另觅它法，这种做法永无出头之日。因为市场是多面的，是深不可测的，没有一种方法能够通吃市场，有看不懂的地方很正常。我也经常跟很多高手交流，他们也经常看不懂很多股票，但这并不妨碍他们赚钱。

放弃完胜市场的想法，与市场和解，只在自己的一亩三分地里耕耘，就够了。

## 无情

无情就是不要入戏太深。

任何股票、任何上市公司，我们要买它的唯一理由就是它能够上涨，要么现在涨，要么未来涨，但当其价值面恶化或者泡沫破灭的时候，要第一时间抛弃它。

很多人就是迷恋故事，殊不知所有的故事——包括业绩增长的故事——都是会变的。根据我对事件驱动和故事驱动的研究，我发现所有的故事都是早相信的人赚钱、晚相信的人买单。

股市是先透支后还债的地方，故事越硬业绩越落地的时候，越有可能是股价回落的时候，此时再迷恋所谓的基本面，必将损失惨重。

从时间纬度上看，A 股喜欢大起大落。在大起的时候，A 股往往所有的故事都是真的，都有价值；在大落的时候，故事越千回百转往往越套人。一定要识别这个游戏的本质。

股票只是一个工具，千万不能跟股票谈恋爱。这句话适用短线派，适用中线价值派，也适用长线基本面派，特别是基本面派。很多人做投资，一旦方向错了，总安慰自己：没关系，我这个股有基本面支撑。关键是趋势反转了，基本面也是阻挡不住的。再说了，基本面也不是一成不变的，有时候也会恶化。更要命的是，很多所谓的基本面，只不过是被人包装好的基本面。

索罗斯说过，世界经济史是一部基于假象和谎言的历史。要获得财富，就要认清假象，利用假象，并在假象被公众认识之前退出游戏！虽然此言有点夸张，但投资最高的境界是无情，几乎没有什么争议。

## 严肃

市场从来不鼓励天真，投资的江湖一点也来不得儿戏。

很多人做投资，买卖股票，随意得很。仅仅看个K线，或者仅凭道听途说，就拿着身家性命放手去搏。还有的人因为股票的名字好听，或者代码特殊，就贸然投资。这种人真的视投资如儿戏，太不严肃了。

投资从来不是满足任性和过瘾的游戏，它肩负赢利的使命。特别是机构投资者，手中握的也许是别人的养老钱，也许是别人孩子的学费，也许是别人赖以治病的积蓄，如果不严肃对待，必然酿成灾难。我在自己案头笔记本的扉页上写道：你手中握的是别人的希望之火，永远不要辜负别人的重托，永远不要一时兴起去开仓。

我们在生活中买件衣服、吃顿饭，甚至买个牙膏、牙刷都要比较和思考一下，为什么做股票不能下点功夫呢？从本质上讲，这样的人在内心世界把投资当成了儿戏。

投资中高层次的自我改造不一定能彻底完成，比如空性，比如不顾诸神，比如奉道不奉钱，因为它们挑战的是人性的弱点，但是严肃这件事情并不像它们那样难，如果连严肃都做不到，其他就更难做到了。

## 观我

观我是指不要紧紧盯住市场，必须留一只眼睛观察自己。

交易是由市场、交易体系和“我”三方面组成的，很多人只注重前两者，忽视了“我”，其实“我”更重要。

交易中最大的敌人是自己，很多人只是把这句话挂在嘴边，没有深悟背后的道道儿。股票投资很多东西是反人性的，如果大家有时间，可以看看关于行为金融学的书，心理学家已经总结了很多人性常识与投资理性相冲突的地方，比如处置效应、羊群心理等等。没有几个人的性格天生就适合做投资，更没有几个人的性格天生就冷酷无情、空性自在、以道为本，人的性格都是在后天的投资实践中遇到错误反复修炼的，经淬炼才“立地成佛”的。这个过程最需要的就是反观自我。

我在投资道路上，每当遇到迷茫和困惑的时候，就喜欢仰望天空，看着朵朵的白云反思：我为什么会犯这个错误？我真的了解自己吗？

投资路上我什么事都经历过。有时候我刚下一单，没过多久就后悔了。从技术上、从交易体系上我完全知道是错的，但为什么那个时候还会下那一单？那个时候指挥我手的人是我本人吗？另一个时候，一个明明白白的重大机会出现在我面前，我却视而不见，没有去下单，那个时候的“我”又去哪里了？

可以这样说，上述的反思和追问，在我的成长路上曾经出现在无数个日日夜夜，有时候我真觉得不认识自己了，还有很多时候很讨厌自己，身上怎么有这么多的毛病。彼时我才真正知道，投资最难突破的不是方法和技巧，而是人性，是性格中的某些缺陷。

我读大师的传记也经常发现这种现象。索罗斯曾经有段时间投资不顺利，他反复地去检讨自我，后来重整旗鼓，东山再起。他描述自己的那段过往，给出的总结是：给自己做个手术。

经常有很多人问我一个问题：怎么捅破最后那层窗户纸？我觉得最后的窗户纸是自己，而不是技术，而且这个答案一定是在自己的内心深处，别人很难给你一个有效的方法。我在全国跟很多朋友交流，结尾总喜欢用这么一句话：交易中最难的那一段路，一定要自己一个人独自走过，谁也代替不了你。我看虚云老和尚的电视剧，有一句话让我久久难忘：“各种各的因，各修各的福。”投资中有些东西能够借鉴，能够站在别人肩上，比如理论、方法、模型、工具，这些东西已经有人探索和总结出来了，不需要自己

“自力更生”重走一遍，这也是学习和交流的价值所在；但有的东西没有办法站在别人肩膀上，永远也不可能借鉴别人的，必须通过反观自我来获得。

有时候，必须把自己当敌人，故意和自己过不去。龙头战法最需要逾越的两个障碍，一个是恐高，一个是迷高。初做龙头的时候，见到高的就害怕，内心深处倔强，下不了手，这个时候我必须把自己当敌人，越是下不了手就越故意下手试试，久了就过了这道坎儿。我发现，很多重大突破，都是跟自己拧巴着来才实现的，跳出舒适区，才能真正找到自我。

所以，常常观“我”，在“我”上找原因，在革新自我上突破，是投资修炼路上最惊心动魄的一步。

## 随缘

人和人之间讲缘分，人和股票之间也讲缘分。或者这样说，投资不是一个萝卜一个坑，不是符合你方法的股票你都要买到，买不到就是自己的错，就不是知行合一。你和股票之间，除了方法之外，还有一个很重要的东西——缘分。

我们会错过很多股票，有的是故意的，有的是精力顾不到，有的是思维短路。一开始总觉得是自己修为不够，后来跟很多大家交流，发现大家也有这种现象，于是就坦然了，跟市场和解了，接受“缘分论”。

随缘可以解决很多心理问题：眼红、恨、攀比、一定要达到什么目标等等。交易不是方法对就能怎么样的，还必须市场给你提供机会，而且这个机会恰恰被你充分发现和利用。如果不满足这些，仅仅看到别人赚钱，或仅仅看到符合自己买点的股票出现而没有买，就“恨天无把恨地无环”，那是没有与市场和解，更没有与自己和解。

## 干净

干净是不染尘，纯粹，眼里不揉沙子。

刚开始做股票的时候，什么好买什么，发现更好的又卖掉这个去追那个，有时候同时开很多个仓，本来就一点点钱，股票一大堆。直到有一天看到一个高手的账户，我震惊了，那叫一个干净。从此，我就把干净当成自己修炼的目标。

要做到干净并不是简单的买的少，而是内心纯粹。并不是买的越多、资产越分散越安全。真正的干净是不做无谓的尝试，不参与小级别的战斗，把自己的心念牢牢锁定在几只核心股票上。

做到干净，需要平时在背后无数次反复思考，对投资背后的逻辑无数次翻来覆去地琢磨，只有这样才能在出手时简单、直接，没有多余动作，没有多余股票。这是一种境界，就像剑客出剑，一剑封喉，那是无数个日日夜夜的勤学苦练。干净是一种功力，也是一种气质，更是一种气象。其他领域同样也是干净才出绝活。齐白石老先生篆刻是一绝，绝就绝在他单刀法的运用，单刀干净，纯粹，篆刻完毕让人眼前一亮，刀法生辣果敢，这种风骨才配得上大师称号。诗歌也是，好的诗歌大都是一尘不染的，古诗就不用说了，现代诗也讲究干净。我读现代诗有个偏好，意境什么的先别谈，如果做不到干净，我看都不看。所以海子、顾城的诗我很喜欢，干净极了。台湾歌手齐豫的声音更是干净得不得了，她的歌曲我百听不厌。

说到音乐，不得不让我想起《遥远的救世主》上的情节。芮小丹第一次听到《天国的女儿》的时候，瞬间就被震撼了，怎么有这么好听的音乐："一个纯净到一尘不染的女声，仿佛从天国里倾泻而下，仿佛是一双上帝的眼睛，怜悯地注视着人类，只一声，我骤然有一种灵魂之门被撞开的战栗感。这是一种什么声音啊，太美了，太让人陶醉了，人原来还可以这样活着，灵魂原来还可以这样滋润。"

干净、纯粹、洗礼灵魂，刹那间我就想到了投资，交易不应该也是这样吗？于是我就想，怎么才能真正进入这种境界。后来我找到了龙头交易哲学，因为龙头本身就稀缺，只要在龙头上交易，天生就是干净的。

龙头是经过市场洗礼的稀有品种。龙头战法本来就是玄天一派，不参与凡尘的战斗，决战于紫禁之巅。专做龙头，必然是干净的。或者反过来说，如果你的禀赋是追求干净的，你最终很可能会走到龙头战法上来。

什么样的自我配什么样的方法。龙头天生干净纯粹，它必然要求干净纯粹的人来驾驭它。

上述十个方面，是修炼自己、改造自己、让自己的品质能够配得上龙头股的内在要求。名剑配名士，千里马配英雄。龙头股是最光彩夺目的股票，其性格桀骜不驯，其走势凶悍无比，其节奏大开大合，其风格如陆地神仙。做龙头股必须是非常之人，必须经过股市淬炼，大喜过、大悲过，其心灵深处必须被无数个问题日日夜夜反复拷问过，如此千锤百炼，才算打通投资的奇经八脉。

此刻我再次重复一次《性命圭旨》里的诗：

两脚任从行处去，一灵常与气相随。

有时四大熏熏醉，借问青天我是谁？

刹那间我就有泪流满面的冲动。我投资这么多年，一路上不断追问自我，问过的问题何止千千万万，到最后最想问就是诗句中的“借问青天我是谁”，借问青天我在干什么？借问青天路在何方？

投资走到最后，就是修行。修行自我，打通任脉；借天行事，打通督脉。任督皆通，才敢言懂得投资。即使如此，我还会反复叮嘱自己最后一个大问题：懂得取舍。

# 19

# 取舍

本书从开篇到现在，其实都在贯彻一个无形的理念：有所为，有所不为，也就是取舍。取舍太重要，所以在此必须单列并重点分析。

“信仰”一词，高贵神圣，我不敢轻易给人类发明的这个美好的词下定义，那是宗教大德和哲学家的事情。但我想，无论信仰怎么去定义，至少应该包括以下几个意思：

（1）取舍，信仰的核心不是宽门，而是窄门；

（2）原则主义，不是结果导向，而是原则导向；

（3）超越性，超越短期性和局部性；

**（4）纯粹，正信正念，与邪念做斗争。**

这四条当中，取舍应该放在关键位置。一个人信仰了佛教，就意味着放弃了其他宗教；一个人信仰了基督教，也意味着他放弃了其他宗教。同时信仰几个宗教的人，本质上他什么都不相信。宗教信仰的取舍性不言而喻。无舍，谈何信仰？

很多人天天谈投资信仰，谈龙头信仰，其实他是不知“信仰”二字之重，如果知道了，他也许会放弃信仰。信仰龙头就意味着哪怕能赚钱，但不符合龙头的就不做，这是很多人过不了的关。很多人只不过是借龙头信仰一词来实现自己的首鼠两端罢了。

很多人希望在每一只暴涨股上雁过拔毛，这种想法和穿遍每一件衣服一样荒谬。能不能倒是其次，关键是内心的动念是错的，它毫无取舍思维。没有取舍，就有可能一事无成。

取舍思维非常重要，怎么强调都不为过。特别是在股票投资领域，取舍更为重要。为什么？因为股票领域的机会是无限的，如果没有取舍，必然时时刻刻看到的都是机会，必然方寸大乱，必然没有原则，最终也必然毫无体系可言。

股票上涨的逻辑和理由千奇百怪，不能因为暴涨了就都去买。因为有的涨是内幕消息的刺激，有的涨是坐庄行为，有的涨是业绩驱动，有的涨是科技革命使然，有的涨是踏空者蜂拥而至推动起来的。不能因为它涨了就都去交易，更不能因为它涨就都纳入自己的交易体系中来。交易体系必须是个窄门，必须以过程和逻辑为导向，千万不能用暴涨的结果和事实来杂糅所有上涨的原因和逻辑。《论语》有言："不义而富且贵，于我如浮云。"我们可以说，不理解而乱买，暴涨且赚钱，于我们投资的命运也是如浮云。

在很多投资场合，我都阐述我独特的风险观。我认为，风险不是暴跌的时候产生的，暴跌只是兑现了风险。事实上，上涨和赚钱的过程才是产生风险最多的时候。注意，这里还不是说涨高了会有风险，而是说，上涨和赚钱的时候，会让很多人放弃原则，胡乱交易也会赚钱，就让人误以为交易之道不过如此，乱交易也能赚大钱，久而久之，风险就入侵到交易习性中来。这个道理如同人之疾病，很多时候，致病因素不是得病的时候才有，而是健康的时候就有，只是身体强壮时病菌入侵不能成功，掩盖了矛盾，但是只要机体衰弱，马上就表现出发烧、咳嗽、无力等症状。病不是在生病的时候得的，健康的时候已经落下疾病的根。我说的投资风险正是这个道理。上涨的时候，如同人体之健壮，此时纵然有不良的交易行为入侵其中，你也感受不到，等市场暴跌了，突然感觉到风险了，其实风险不是暴跌时才产生的，而是暴跌让你的风险暴露而已。

我反复强调取舍正是基于这种认识。一笔交易的成败，不是以盈亏来衡量的，而是以同样模式多次交易的综合盈亏来衡量。投资的江湖里，单谈任何一个点都没有意义，否则投资就不会那么难。局部最优，也许整体最差。很多交易看似神之一手，其实是有毁整个体系的。如果是带着病毒的交易，虽然能够让人赚钱，但迟早会让人亏钱。所谓取舍，就是必须大胆舍弃那些看似赚钱、其实是病毒式的交易行为。

人人都希望自己的股票暴涨，我也不希望放过暴涨的股票，但那种不明原因、不在逻辑内的暴涨，是改变不了我们投资命运的，甚至有损我们交易的一致性和好不容易培养起来的“交易品格”。交易的时候，我们的起心动念不应该是暴涨，而是逻辑，暴涨只不过是结果。也就是说，投资中，不能因逐利而失去理性思考。

能大胆舍弃无价值的，舍弃病毒式交易，是不是就完成取舍工作了呢？非也！这只是开始。真正的取舍，是要彻底的取舍，不仅要舍弃逻辑外的、模式外的，也要敢于舍弃模式内的、逻辑内的东西。也就是说不是仅仅舍弃不好的，好的也要进行取舍。

大家可以回想一下，当你和特别多的人在一起围餐吃饭的时候，一桌丰盛的佳肴，每一道菜你都要去尝一口吗？当然不是，我们只是吃自己座位就近的，如果远的菜一直不转过来，就不要伸出长长的手去夹。取该取的，舍该舍的。当然，这只是取舍浅表的比喻。通过这个比喻，我想传达一种高境界的取舍观：真正的取舍，是取舍那些有用的东西。

很多所谓的知行合一，是说模式内的一定要执行，模式外的坚决抛弃。其实这并非投资之大成境界，这只是初级舍弃观，高级的舍弃观是在模式内取舍。符合模式的，也不一定每个都"知行合一"，都雁过拔毛。

经常看人挖苦别人：你不是厉害吗，为什么某某股你没有做到？还有很多挖苦巴菲特的：你不是全世界的第一股神吗，为什么亚马逊你没有买？为什么微软你没有买？为什么 XXX 你没有买？其实这种人根本不懂投资的本质，因为投资不是奥运会比赛，必须把最好的纳入囊中，而是用自己的体系在众多机会面前进行取舍。取到的，未必是最好的；舍弃的，未必是差的，只是当时当下只能那样决策。如果信息不够完备，哪怕前景再具有诱惑性，对于一个保守的交易者，也只能放弃。但随着形势的发展，也许会证明它是最好的交易。你不能说当初没有买入是错误的，也不能说买入的人就多么高明。这与对错无关，与高下也无关，与取舍有关。

了解出海捕捞的朋友都知道，出海捕鱼的船只，有的渔网很大，它故意舍弃小鱼小虾，只去捕捞大个头的鱼虾；而有的渔网很小，其诉求则是捕捞普通的小鱼小虾。取舍就是渔网网眼的大小，它是一种策略选择，更是一种价值选择。

具体到龙头战法上，怎么做取舍呢？我认为，至少要做到以下取舍：

第一，尽量多取真善美龙头。

真善美的龙头上文说过，就是盘口充分换手，有足够的交易机会，不会经常走 T 字板和一字板的龙头。这种龙头每一天都有足够的时间让你买入，也有足够的时间让你卖出。它不自私，海纳百川，通常情况下还能承载很大的流动性，不会关起门来自娱自乐。

符合真善美龙头标准的，往往是明牌类的龙头，主力有底气有自信，一步一步地抬高，不需要奔命式涨停，也很少核按钮式洗盘，给人感觉是从容、大气，一步一重天，稳当厚实。

真善美的龙头价值性往往也很明显，有明确的上涨预期，有强大的硬逻辑做后盾，买得踏实、拿得放心。比如方大炭素、罗牛山、寒锐钴业、贵州燃气、泰禾集团、浙江龙盛、美锦能源，都属于这类龙头。

选择真善美就意味着尽量远离假恶丑嫌疑的龙头，哪怕它最终成为龙种了，弃之也不可惜。

第二，尽量取龙中龙。

什么叫龙中龙？就是龙头中的龙头。

如果市场火爆，一时间可能群龙飞舞，有总龙头，有细分龙头，有前锋龙头，有中军龙头，有主子龙头，有影子龙头，有飞龙，有巨龙，有卧龙，等等。比如 2019 年春节刚过，市场异常活跃，龙头队伍突然壮大：东方通信、深天马 A、领益智造、银星能源、风范股份、顺灏股份、国风塑业、中信建投、中国人保、中信重工、人民网、大智慧、正邦科技等，同一周期内不同行业不同题材各有各的龙头启动，可谓群龙共舞、诸星闪耀。此时选择任何一只，都会收益颇丰。

面对这种情况应该怎么办？当然最应该做的就是仓位打上去，无论买谁都要敢于勇猛精进。不过，在做龙头的前提下，还是应该尽量选择龙头中的龙头，谁对大盘的影响最大、谁的逻辑最明白、谁的价值性最硬，就选择谁。上述龙头群中，市场地位首屈一指的是东方通信，其次是大智慧、中信建投和人民网，它们可以说是龙中之龙，尽量靠近它们。

总的来说，同等条件下，尽量做总龙头，放弃细分龙头。总龙头的最大特点是与整个行情一荣共荣、一损俱损，它代表市场的总体风格和全貌。比如，2018 年的万兴科技、贵州燃气，2017 年的方大炭素、贵州茅台，2016 年的四川双马、万科 A，2015 年的中国中车、通鼎互联。只有在没有总龙头的情况下，才考虑细分龙头。

做总龙头有个好处，那就是它的流动性很强，通常情况下不会一字板阻拦进出，具有强大的领袖风范和市场包容性，更难能可贵的是它的安全性和真实性往往比较高，不会动不动就来个核按钮。

第三，尽量选取大级别、高价值加持的龙头。

大级别和高价值的龙头，是从价值加持的角度来看龙头。

我的价值观认为，越有价值加持的龙头，越是大级别龙头。这个价值加持是指龙头背后所依托的逻辑要足够大、足够硬。

有的龙头纯粹是形态驱动，价值性很低。比如泰永长征、欣锐科技，你可以说它是龙头，也可以说它就是一个按图索骥的卡位炒作而已。因为其炒作的由头太虚，虚到主力自己都不好意思。

价值加持的龙头则不一样，它的背后有一个强大的价值后台为依托，这个价值后台要么是业绩狂增，要么是多年难遇的科技革命，要么是最高级别的政策导向，要么是百年难遇的事件驱动。总之，要有足够的稀缺性和高贵性，要具有广泛的价值认可。

比如寒锐钴业是新能源产业巨大革命催生的龙头，它是业绩硬逻辑和行业硬逻辑双驱动。再比如方大炭素是供给侧改革背景下钢铁行业上游的供给短缺，它是最高级别政策导向的硬逻辑。再比如万科 A，它是多家顶级大佬股权之争诞生的龙头股，且其本身就是房地产行业的绝对老大，其逻辑再硬不过。

级别越大，价值越明显，其龙头属性越强，越不可放过。相反，那些价值性弱却噱头十足，甚至是几个大 V、几个自媒体自我吹水的题材，不炒也罢。

千钧之弩不为鼷鼠发机，万石之钟不以莛撞起音。龙头战法是“国之重器”，不可轻易使用。实战当中，我们经常会遇到很多小级别的鸡毛蒜皮的题材热点，不炒吧，它也可能诞生出一个龙头，炒吧又不甘心。我劝大家还是放弃这种机会。龙头战法并不是见钱就赚，而是讲究一定的贵气，涨的股多了去了，历史的沉渣也会泛起很多浪花，我们何苦去跟每一个机会较真呢？

第四，尽量取行情好的时候的龙头。

行情因素上文分析过，这里讲取舍的时候再强调一下。

行情不好的时候，也有龙头产生，但试错成本很高；行情好的时候，龙头的试错成本低。如果想真正控制龙头回撤，就必须放弃行情差的时候产生的龙头，多选择行情好的时候产生的龙头。

取易取之敌，攻能攻之城。很多人就是想显示自己的绝活，在股市暴跌时都能逮住龙头，有这个必要吗？此时你即使逮住龙头了，你敢重仓吗？垃圾时间，垃圾行情，即使偶尔冒出两个妖股怪物，又能怎么样？

行情好的时候有个好处，小级别的龙头往往会嬗变为大级别的龙头，鸡毛蒜皮的事件也往往会搞出一个惊天动静。这是龙头战法最容易大放异彩的时候，此时的重仓一天，有可能胜过其他时候瞎做一年。

行情取舍的威力，妙不可言。

第五，尽量取低位置龙头。

龙头具有位置性，有的龙头当市场证明它是龙头的时候，或者当你发现它是龙头的时候，股价已经很高了，此时你是做还是不做？

做它有足够的理由：龙头信仰；不做它也有理由：价格太高了，赢利空间有限。

龙头战法也不等于无限追高，树是长不到天上去的。当然，预测龙头的高度往往会自取其辱，因为龙头经常超预期，所以龙头战法内部还有一句口号：天空才是尽头。但问题是，为什么你要在“天空”的时候才想到去买龙头？之前你干吗去了？

我认为，龙头在高位，我们无法预测其下一步何去何从时，可以大胆持股待涨，但开新仓往往未必合适。“天空才是尽头”往往是针对持仓者而言，它是对勇于做龙头、勇于承担风险的奖赏，也是龙头信仰的价值；“树长不到天上去”是针对开新仓而言，龙头涨起来可以飞升入天，但在“天上”并非最佳买点。

我在前面分析龙头位置的时候说过，龙头战法一开始是要把买点抬高，特别是新手，不抬高就无法追到真龙，但水平提高后就应该逐渐把买点降低，争取能在底部三个板的时候发现并确定龙头。如果做不到这一点，龙头战法最终会伤着你。

对于一般人来说，一个龙头在你面前，到底是买还是不买，简单呐喊龙头信仰这种口号不解决实际问题，要用诸多因素来进行取舍和衡量，其中位置是关键因素。无论任何理由，一只股票价格太高了总是不好的，这一评判标准不因它是高贵的龙头战法还是价值投资就改变，因为股票最大的逻辑就是空间逻辑，就是低买高卖。高位的龙头纵然能再涨一倍，也需要战战兢兢。与其跟高位的龙头死磕，不如在低位等待下一个龙头的到来，毕竟股市上的机会是无限的。

低位龙头就是前三个板就发现的龙头，甚至第一个板就能高度感知的龙头。有人说一板看不出龙头，那是因为你定龙的维度过于单一。有时候一板可以定出龙头，有时候不可以，这要看当时的市场和个股给不给你提供多维共振。我多年前就开始研究能不能在第一板和第二板就锁定龙头，在这方面颇有心得。我的交易也经常与一些游资大佬在一、二板的龙虎榜上会师。

独立思考很重要，当市场喊出谁高谁是龙头的时候，我们要冷静地分析股市的本质，能在低处买就尽量不要在高处买，能锻炼出底部三个板就做好龙头的水平，就不要盲目去学习高位追龙头的技巧。心在哪里，成就就在哪里，关键是要有理念上的革命，要敢于对龙头进行取舍，不要迷信龙头越高越买。因为事物除了强者恒强的一面，还有物极必反的一面。

第六，尽量选取清澈干净的龙头。

干净清澈是指市场环境和市场热点主线。

市场环境是龙头的温床，做龙头不怕热点少，就怕热点乱。热点杂乱无章，本质上是没有一个一览众山小的热点诞生，谁都镇不住谁。这个时候其实是鸡毛行情，应该整体舍弃。

这个道理就如同我们看一片湖泊里的水。有的湖泊很干净，千丈见底，游鱼细石，直视无碍。亲临这种湖畔，就有一种忍不住用双手捧起一捧水的欲望，或拂面，或一饮而尽；而有的湖泊水域复杂，有的水域清澈，有的水域浑浊，清浊并存，这种湖泊你有去饮水的欲望吗？明白了这个道理，就明白了取舍。

上述六项，就是我的六大取舍标准。它们可能同时出现，可能单独出现，出现得越多，取舍性就越强。通过上述六项，我要传达一个重要的理念：龙头战法的核心取舍观。在龙头中都需要进行取舍，何况非龙？

很多人有个误解，认为既然是龙头战法，就应该坚持龙头信仰，见龙头就扑上去。其实这并非正信正念。龙头内部也分三六九等，龙头的品质与风骨也分优劣，不能见到龙头就技痒。有大智慧者，能大取舍；真正大取舍者，是善于对模式内的机会进行再取舍。龙头我都能舍弃不做，还有其他平庸者我不能舍弃的吗？

龙头战法就应该有一种大开大合、放长击远的气象，就应该跳出凡人的战斗，就应该只参与顶级争霸的机会。这种取舍才是真正的龙头战法，非龙大不做，非大级别事件不参与，非大行情不来。

再说，诸行无常，你错过的股票从事后看，也未必是错过。

龙头虽好，如果错过了最佳打击范围，宁愿等下一个；龙头虽好，如果感觉其品格不高，换下一个；龙头虽好，如果市场环境我不放心，统统舍掉；龙头虽好，如果逻辑不明、级别不大、价值不显，观望就好。

至于错过好股，错过就错过吧，他强由他强，清风拂山岗；他横由他横，明月照大江。他自狠来他自恶，我自一口真气足！

所谓的投资做到最后是做减法，不就是如此吗？还有人说，最好是做除法，那就更干净了。这让我想起了李敖的一首诗：

不爱那么多，
只爱一点点。
别人的爱情像海深，
我的爱情浅。

不爱那么多，
只爱一点点。
别人的爱情像天长，
我的爱情短。

不爱那么多，
只爱一点点。
别人眉来又眼去，
我只偷看你一眼。

至此，我心目中的龙头内部逻辑和核心问题全部阐述完毕。行文到此，突然有一种经脉全通、一气周流的感觉。作为一种投资门派的践行者、传播者和启蒙者，最大的罪过莫过于传播一种错误的价值观和投资理念，或者传播一种容易被误解、被利用的投资理念。所以，写本书的时候，我尽量写细一些，从多维度来分析，尽量把一个道理从不同侧面掰开了揉碎了，换不同角度反复呈现给大家。中国股民很多，全世界股民更多，每个投资者水平不一样、投资经历不一样、慧根不一样，需要的东西就不一样。也许读者觉得已经领会，但多说一句，没准儿就是某个读者需要的那一句呢？没准儿就是能改变某个人投资气象和投资命运的那一句呢？所以，我写得事无巨细，洋洋洒洒，到此才算刹住。

龙头股好，龙头战法好，很多人只看到好的一刹那，却看不到光芒万丈背后的复杂逻辑。只有把这些逻辑彻底阐述明白了，我才敢号召大家，拿出你的信仰来，大胆做龙头。

那么该如何下手呢？也就是如何买呢？

# 20 龙头买点，百舸争流

龙头战法的核心是选择问题。龙头战法不是买卖点的革命，人类关于股票买卖点的革命早已经完成，早有艾略特，中有江恩，后有约翰·墨菲；日本有本间宗久，中国有缠论；还有形态派、均线派、指标派、成交量派等。它们已经完成对股票买卖点的探索。

龙头战法关于买卖点的选择，并没有石破天惊的新发明和新贡献，而且龙头战法还反对过于在买卖点上纠结。因为龙头做的是主升浪，是驰骋在沃野千里的大空间里，是大开大合，是放长击远。它反对蜗牛角上争长短，反对因追求买点的精准而耽误对龙头的把握。龙头战法要的是模糊之中的正确，而不是精确之下的误事。特别是对于白马龙头和股权龙头而言，错过几个点算什么？错过一天算什么？错过几天算什么？有的大格局的龙头战法，一周内甚至几周之内都是买点。如果你非要问哪里才是最好的买点，答案是没有最好的买点。

龙头战法不是在买点上较真，而是在选择上较真。龙头战法是一套关于如何选择的革命：如何选股、如何选时、如何选择价值、如何选择行情、如何取舍，这才是龙头战法的灵魂。

如果大家能够把以上的问题全部心领神会，你可以完全不用理会买点，直接亮剑。买点不能也不应该成为阻拦龙头派的绊脚石。就像一个人足够富，你还用问他怎么买吗？刷卡买、转账买、微信买、支付宝买、刷脸买、秘书代买，都可以。关键是你要有足够的实力。

问题是，我们很多人还没有到那个实力，所以本文略给大家交代一下龙头怎样去买。我身边围绕着很多读者朋友，有的是民间高手，有的是机构掌舵者，有的是基金经理，有的是龙头爱好者，我们会定期召开龙头高级交流会。参加会议的人来自五湖四海，大家共同的价值观就是只做龙头，不过买点各有各的精彩。我根据交易风格，把龙头部落内部的买法分为不同流派。

拐点派。这一派的核心是买在龙头股的第一个涨停板那天，也叫首板派、首K派。有人问第一天怎么看出是龙头？有的人就有办法，或者说有的人就专门找首板，就能高度锁定龙头股，放弃其他。这一派的很多人在熊市亦能大显身手，特别适合震荡行情，但在市场火爆的时候，却容易买不到总龙头，这是这一派的缺点。至于第一个K线是几个点买，这是分时图的东西，是不值得纠结的。

形态派。这一派把形态纳入龙头体系，根据形态的启动、突破、加速等规律来做龙头。与传统形态派不同的是，这一派只在龙头上用形态。拐点派属于形态派的一个分支，形态派用的工具更为丰富和复杂，侧重对形态背后的意图进行拿捏。我本人也把形态派称为望气派。形态派的优点是有可能根据K线的组织结构，在很早的时候就发现龙气，可以提前介入龙头；其缺点是容易入戏太深，被形态绑架，对不符合形态但符合龙头的股票视而不见。

低吸派。这一派喜欢做龙头的日内低吸和波浪低吸。前者是把盘口和分时图做到极致，根据龙头调整的特点，做首阴战法；后者是等待龙头调整下来，要么5日线，要么10日线，要么20日线，找个低位置来潜伏蹲守。低吸派的优点是安全，买的时候不用兴师动众、急急忙忙；缺点是，一旦一只好股票给你低吸的机会，也许就走弱了，甚至趋势逆转，步入下降通道。

打板派。这一派以追涨停板为主要特征，不板不买。其逻辑是用涨停板来做确定性，来衡量龙头的强弱。敢于打板是基于对该股确定性的把握，更在于未来更大的空间，而不是日内的空间。打板派在全国龙头战法队伍中属于显宗，追捧者众多。但打板只是龙头的一种流派，不能因为很多散户喜欢打板就误以为龙头战法就等于打板。打板派的优点是凶悍，往往不会错过龙头；缺点是回撤大，更大的缺点是对不以涨停板为龙头特点的白马龙头束手无策。

半路派。半路派分为半路跟随派和半路点火派。半路跟随派是综合判断一只股票是龙头后，在半路上车，既不低吸也不打板，而是堂堂正正地买进去；点火派是根据行情特点，把一只可能是龙头的股票，通过自己的买入行为来刺激股性，让股价能够活跃并涨停，为此需要拿捏好火候，突然出击，把分时图给拉升上去。这两种细分做法，第一种我比较认可，第二种涉嫌操纵股价，我本人是反对第二种做法的。半路派的优点明显，就是安全，日内买点低，且符合绝大多数股票的买法，更关键的是没有明显的缺点。

波浪派。我把波浪理论派和缠论派放在一起来介绍，龙头部落内部有很多波浪理论高手和缠论高手，他们把自己的理论和龙头理论嫁接在一起，形成自己独特的买点。二者有一个共同的特长：善于从久远的过去来分析股票的起承转合，善于对每一波浪进行性质分析，然后以空间和时间的宏观视野来看龙头。这一派的优点是分析问题“有始有终”，缺点是有时候自我陶醉、过于我执。

套利派。这一派非常独特，他们算不算龙头战法我不好给出定论。他们的做法是根据龙头在其他股票上套利。他们买的可能是龙头，也可能不是龙头，但是他们盯着的是龙头。他们认可龙头逻辑和龙头信仰，但是他们的赢利模式并非单一在龙头身上。这一派有一点远交近攻的感觉，看着龙头的风吃着杂毛的肉，也有其独特的逻辑。我后来想想，觉得也应该将其归为龙头家族。

量化派。量化派是用数理工具在龙头上做量化，寻找龙头的套利空间。这一派本质上是量化派，只是它比较特殊，它的量化对象是龙头。这种流派是最近两年才在龙头部落内部盛行的，其权比因子就是龙头的各个特征。目前这一派已经有人发行私募产品，未来之路应该很光明。

周期派。周期派其实不算新派，在龙头战法诞生之前，周期就已经应用到股市之中，牛市和熊市的提法就是最大的周期定性，波浪理论也暗含周期的内容。我在《股市极客思考录》第四篇的行情分析部分，特别是行情的时间结构里，就已经对行情周期进行过论述和探索。但，今天的一批超短选手，希望把行情的时间结构缩短再缩短，在熊市和退潮之时，也进行更小级别的周期探索。周期派分为大周期派和小周期派。大周期派以讲究趋势配合和赚钱效应为基础，然后再进行周期划定；小周期派只讲赚钱效应和情绪，不太在乎趋势配合。二者的本质区别是把周期的时间框架划得更大还是更小。大周期派主张抓住大周期，放弃小周期；小周期派主张抓住任何一个冰点的否极泰来，不放过任何一个小周期轮回。我本人的价值观更倾向于大周期派，但龙头部落的一些朋友，小周期用得也很轻盈灵活。小周期派对冰点、回暖、启动、分歧、高潮、退潮、回光返照有很细腻的划分，其买法根据周期的不同阶段而不同，时而低吸，时而点火，时而打板，时而做空间板，时而做低位板，时而空仓观望，时而做领涨，时而做跟风，时而做中军。周期派的优点是把买点融入不同的周期阶段，从市场的枯荣循环去寻找买入策略；缺点是预测和判断周期本身就是危险的事儿，特别是小周期派。

需要说明的是，上述各派并不是孤立的，有时候他们是杂糅的。这些流派我并不反对，只是我会反复提醒大家，龙头战法不是一种新的技术分析，它是一套选股哲学，大家要逐步从以买点为中心转移到以选股为中心。这并不是说买点不重要，而是要破买点之执，破技术之执。这个道理就类似于演员表演，要表演就必须背台词，但背台词不等于表演，一个演员应该以传达人物形象为中心，起心动念是表演、是演戏，而不是背台词。买点和技术的运用，在龙头战法里的地位就类似于背台词。

展示龙头部落内部丰富的买点，最主要的目的是启发大家去思考。一个人的买点与他的原有知识体系有关，不必强求。在龙头股上，并不天然存在谁的买点就比谁的买点更好，关键是能不能识别出龙头。龙头的功力应该放在选择上，而不是蜗牛角上。

我展示龙头部落不同流派的买点，也是为了澄清一件事：很多人认为龙头就是无脑追高，就是打板，其实这是天大的误解。龙头的买点可以低吸，可以半路，可以潜伏。龙头买入的位置可以是第一根启动 K 线，也可以是接力追着买。龙头战法不是被买点绑着的，而是被选股绑着。

*21*

# 香象渡河，一眼花开

我心中的龙头最好的买点是没有买点，最好的招式是没有招式。

我早年学习打坐的时候，经常想怎么才能恬淡虚无，断除妄念，后来读到南怀瑾大师的《金刚经说什么》，一下子进步了很多。书中说：一个有大智慧、大气魄的人，自己的思想、妄念，立刻可以切断，就像香象渡河一般，连弯都懒得转，便在湍急河水之中，截流而过了。

香象就是象王。普通的象有两根象牙，菩萨骑的象王有六根象牙，体型也比一般的象大得多。象王渡过急流时，不转弯走，急流力量那么大，它用身体把急流切开，所以叫“香象渡河，截断众流”。截断众业，当下了悟。只有不着于形，方能入真。纠结在外表上怎么进入龙头，往往未得龙头三昧。

如果真爱一个人，怎么表达出来才算爱？不用怎么表达，举手投足都是爱。舍弃技巧和套路，才是情真意切。

龙头战法最高的境界，就应该符合这种道理，我把这种认识体系和投资哲学叫香象渡河。

香象渡河出自《优婆塞戒经·卷一·三种菩提品》："如恒河水，三兽俱渡，兔、马、香象。兔不至底，浮水而过；马或至底，或不至底；象则尽底。"

香象渡河比喻对佛经的理解直达精髓，尽入根底。后人经常用这一词比喻舍弃一切没用的东西，直接寻找最根本的本质。我用这个词，是想表达龙头战法做到最后，只能用四个字来表达——见龙即买。至于怎么选择龙头，怎么舍弃龙头，怎么找买点，都应该是早已经解决了的问题，到最后剩下的就是一句话：香象渡河，见龙即买。

做到这个境界，已经破了所有的执，已经越过了所有的术，彻底随心随欲，得意忘形。这种买法，也是龙头战法的买入法，也是定义买入法。

我看索罗斯传记，发现他喜欢根据后背的疼痛来做重大的买卖决策。一开始不理解，以为大师都在装，后来我明白了，他这是把投资化为直觉，做到一眼花开。

一眼花开是我根据王阳明的一句话浓缩出来的投资心法。王阳明说：

**汝未来看此花时，此花与汝心同归于寂；汝来看此花时，此花颜色一时明白起来，便知此花不在汝心之外。**

这句话是阳明心学名句，我由这句话悟到投资的一种境界：一眼花开。投资做到最后，如果天天依赖指标和模型，陷入技术的汪洋大海，说明还没有做到心外无物，还执着于表层。做到高级境界，望势而已，望气而已，只给一眼，就能大概知道可不可以做。当然，我并不是说买一只股票只看一眼，而是说，一眼能感受到一个大概，就像猎人瞅一眼就知道这片森林有没有猎物，渔夫看一眼水面就知道这里能不能逮鱼。不过，真正的一眼花开需要深厚的功底，同时也需要一定的天赋。正如《教父》里说，有人花半秒钟就能看透事物的本质，而有人花一辈子都看不清。一眼花开就是花半秒钟就能看透本质的能力。

练就一眼花开的功力，必须尽量放弃对浅层规律的纠缠，多深入到最底层，香象渡河。如此，龙头战法才能气象万千，大开大合；如此才能入龙头战法三摩地，才能在龙头战法玄天一派里，天大地大，尽情遨游。

# 跋：破执与取舍

很多人对待知识创造者的态度比较复杂：一方面很渴望获取知识或技能，希望有某种技能和知识的人能够把他们的东西全部写出来，供自己享用；另一方面，又对著书者提出很高的道德要求，希望作者是道德完人，不能有任何个人诉求，书的定价尽量便宜再便宜，书的内容完美再完美。

说真的，我以前也是这种态度。正是这样，很多人不愿去写书，懒得惹那个麻烦。中国投资领域的大佬很多，但把自己的投资心得写成书的，寥寥无几。即使偶尔有人写，也是只写一点面上的东西，鲜有涉及自己的核心逻辑和操盘技巧。有的顶级大腕，别说看他的书，就连一篇推心置腹的文章你都很难看到。而游资们，如徐、赵、章、孙等，更是神龙见首不见尾。当然，他们不写书，更多的可能是为了保密，在市场上拼杀，得到点真经不容易。但谁的“真经”来得容易呢？还有一部分原因是他们“太忙”。关键是，谁不忙呀？

我本人就是一名一线投资者，每天战斗在投资的第一线，复盘、操盘、研究、培养人才、读报告、看资讯、会客、拜会更高的高手等等。我觉得我比谁都忙。但是，我重视知识的传播。于是，我决定抽时间来写一本书。

这个念头最初是在 2013 年左右。那个时候，我认识了一位著名的耳鼻喉科的教授，他当时刚刚升为正主任医师，同时带了几个研究生。有一次我们在一起吃饭，我就问他：医生分为两类，一类是临床水平很高，又有教授头衔，可以带研究生的医生；另外一类是临床水平也很高，但是埋头临床，不写学术论文、不带研究生的医生。这两类医生有什么区别？

他说，一个医生，无论临床水平多高，如果不带研究生，不做课题，不写论文，不进行理论创新，一辈子就是个匠，只能做好自己，而无法把他一辈子的心血传下去。两类医生最大的区别是能不能做到“传承”。

这句话突然让我想到王家卫的《一代宗师》电影里反复说的一句话：“留一口气，点一盏灯，有灯，就有人。”

灯是什么？灯是传承。中国古代有多少民间的宝贝因为缺乏传承消失得无影无踪。武林中的多少门派因为保守的门规，结果无人可传，最后绝迹了。《一代宗师》里的宫二，宫家六十四手不就因她而绝迹了吗？

本人也是武术爱好者，拜会过很多武林人士。他们说，民国之前的武林，规矩大得吓死人，宁愿自己武艺失传，也不愿意传错人。结果，真的就有很多武艺失传了。武术如此，中医更是如此。有的中医保守，传男不传女，传内不传外。有的中医为了保密，不让病人把处方带走，也不能看处方，把药在自己的诊所熬制好，病人喝完才能走。方不让人看，药不让人看，药渣也不让人看。更有甚者，喝完药后要漱漱口才能离开诊所，为了保密可谓无所不用其极。如此会造成某些流派的绝迹，会造成某些绝活失传，实在是令人唏嘘。宋代的张载高呼“为往圣继绝学”，得有人愿意传绝学才行。

话扯远了，再回过头来说说我跟那个医生的聊天。我又问那位教授：你说的传承精神值得赞赏，但你怎么保证你传的东西就是对的，万一你传错了呢？那位教授笑笑：现代医学植根于科学，是循证医学，它的核心是科学的逻辑和方法。在科学领域，从来就没有什么是绝对对的，只要遵守科学的逻辑和方法，无论得出什么结论，都是有意义的。

是呀，投资领域不也是这样吗？哪里有什么绝对正确的理论？波浪理论、江恩理论、缠论、形态理论、K线理论、量化理论、价值投资理论、趋势理论，不一而足，哪个是绝对真理？投资理论最大的价值不是得出一个放之四海而皆准的结论，而是启发人从另外一个新的角度去思考和观察问题。好的投资理论是燃烧别人，是开放式的，而不是得出绝对的结论，唯我独尊。

被那位教授点悟之后，我卸掉心理包袱，决定著书立说。所以，有了《股市极客思考录》，有了这本《龙头信仰》，有了《香象渡河》。

《龙头信仰》专门聚焦"龙头股"和"龙头现象"，对龙头进行深入的思考和分析，特别是破除龙头的某些执念，给龙头注入"内因"，深度挖掘不同领域共同认可的龙头最朴素的含义，探索龙头一词的"最大公约数"，打通不同投资流派关于龙头的共性认知，让龙头回归正朔，特别是跳出K线、形态和人气的浅逻辑，用内求法和降维思维来看龙头。

如果说我的第一本关于股市的书呈现的龙头世界很精彩，那么《龙头信仰》呈现的就是没有人能随随便便那么精彩。

能不能最终做到精彩，就看我们背后付出多少深度思考。本书与其说是写怎么做龙头股的书，不如说是如何引导读者思考的书。

所以我希望我这本书能抛砖引玉，引导大家思考。

投资既有科学成分，又有艺术成分。提升投资水平的最好办法当然是跟着大师和高手现场学习，接受口传心授，但这种机会极少有人享有；其次是自己从实战中去总结和感悟，不过造化如何要看个人的修为和悟性；第三就是通过读书，特别是读好书来提升自己，但读书的方法极其重要，机械地读书和迷信书，往往还不如不读书。即使我认为我的书写得不错，我也希望大家对我的书“活着”读。

那么，到底怎么“活着”读呢？

一要看思维，这比具体的招数重要。很多人读书恨不得马上找到一招半式立即拿来赚钱，其实这是最笨的看书方法。任何具体的招式和战法，都是适合操作者自己风格的，这些招式是死的，过分依赖它们只能把你带入机械化和公式化的泥潭。而思维就大不一样了，思维是战法背后的本质，它能诞生新的战法。

如果我喜欢一本书，我往往会死抠别人研究股票的方法和视角，这种方法学会了，自己可以据此来总结新的东西。比如，我看别人写创新高买入战法，我不是简单地看他的买点，我要看他观察创新高的角度，看除了价格他还关心什么。这样我就会发现很多内容，比如成交量、换手率、振幅、K 线匀称性、行情环境、题材、板块间互动等等，这样我就可以举一反三。

二要揣摩文字背后隐藏的精髓。任何东西，只要变成文字落实在纸上，都会失去它的原汁原味。作为书的作者，我最清楚当我要表达一个意思时，无论怎么字斟句酌，到最后落实到纸上总感觉有所遗失和走味儿。比如，无论我怎么给读者解释龙头股，总感觉无法道出龙头股的全部精髓。这些精髓也许隐藏在文字的背后，也许散落在字里行间，聪明的读者应该把它揪出来。

我看别人的书的时候，就有掩卷揣摩的习惯：作者到底想说些什么？作者还有什么没有表达出来？这样思考之后，我会发现文字背后的很多秘密。还有，作者介绍某个技术模型的时候，他可能会遗漏限制条件和适用环境，因为这些对他来说习以为常，是默认条件，但这些对我们来说极为重要，我们读书要读出这些习以为常的假设条件。

如此才能把书读活。如此才是我写本书的最终诉求。

各位读者在读我书的时候，如果发现里面的内容未必是真知灼见，也请你大胆对我书的内容进行破执。任何投资理论和方法，都只是无限接近真理、无限接近市场，不可能是“终极真理”。受到知识结构和阅历的限制，我的书同样不能以真理自居。指月之指，如是而已。

所以，书名的“破执与取舍”既是对别人，也是对自己。破一切执，舍一切法，如此，才是我写本书的真正用意。

应无所住而生其心！

# 参考文献


[1] 彭道富.《股市极客思考录》(升级版)[M].深圳:海天出版社,2017.

[2] 彭道富.《香象渡河:龙头战法逻辑探究与案例分析》[M].上海:上海财经大学出版社,2019.

[3] [美]威廉·欧奈尔.《笑傲股市》[M].北京:机械工业版社,2015.

[4] 江南、钮怿.《沃伦·巴菲特管理日志》[M].杭州:浙江大学出版社,2013.

[5] 邱国鹭.《投资中最简单的事》[M].北京:中国人民大学出版社,2014.

[6] 但斌.《时间的玫瑰》[M].北京:中信出版集团,2018.

[7] 青泽.《澄明之境》[M].北京:北京联合出版公司,2017.

[8] 南怀瑾.《金刚经说什么》[M].上海:复旦大学出版社,2016.

[9] 吴清源.《中的精神：吴清源自传》，北京：中信出版集团，2016.
[10][韩]李昌镐著，许丽译.《不得贪胜》[M].北京：化学出版社，2012.
[11]聂卫平，王端阳.《聂卫平围棋人生》[M].北京：文化艺术出版社，2011.
[12]李仲轩，徐皓峰.《逝去的武林》[M].北京：人民文学出版社，2013.
[13]王劲.《江湖惊风录》[M].北京：世界出版社，2018.
[14]林慧光.《中医九大经典》[M].北京：中国中医药出版社，2012.
[15]刘力红.《思考中医》[M].桂林：广西师范大学出版社，2003.
[16]熊逸.《王阳明一切心法》[M].北京：北京联合出版公司，2018.
[17]李零.《兵以诈立——我读〈孙子〉》[M].北京：中华书局，2006.
[18]冯唐.《飞鸟集》[M].杭州：浙江文艺出版社，2015.

# 龙头信仰

股票投资深层逻辑的破执与取舍

彭道富 著

中信出版集团